U0919958

CHINA LEGAL EDUCATION RESEARCH

教育部高等学校法学类专业教学指导委员会
中国政法大学法学教育研究与评估中心 主办

中国法学教育研究
2019年第3辑

主　　编：田士永
执行主编：王超奕

中国政法大学出版社
2019·北京

图书在版编目（CIP）数据

中国法学教育研究. 2019年. 第3辑/田士永主编. —北京：中国政法大学出版社，2019. 12

ISBN 978-7-5620-9386-2

Ⅰ. ①中…　Ⅱ. ①田…　Ⅲ. ①法学教育—中国—文集　Ⅳ. ①D92-4

中国版本图书馆CIP数据核字(2019)第300354号

出 版 者　中国政法大学出版社

地　　址　北京市海淀区西土城路 25 号

邮寄地址　北京 100088 信箱 8034 分箱　邮编 100088

网　　址　http://www.cuplpress.com (网络实名：中国政法大学出版社)

电　　话　010-58908289(编辑部) 58908334(邮购部)

承　　印　固安华明印业有限公司

开　　本　650mm×960mm　1/16

印　　张　12.5

字　　数　145 千字

版　　次　2019 年 12 月第 1 版

印　　次　2019 年 12 月第 1 次印刷

定　　价　42.00 元

目　录

CONTENTS

法学教育

课堂与教学

法律职业

百花园

目　录

C O N T E N T S

Legal Education

Curriculum and Teaching

Legal Profession

Spring Garden

法学教育

Legal Education

科技、新教学方法等的兴起对法学教学（教育）的影响

——以慕课、翻转课堂为中心的分析

◎蒋志如*

摘　要：法学教育的教学方式，一般来说有讲授课、练习课和研讨课三种。通过考察中国法学教育的运行现状，我们可以发现讲授课是唯一的真正教学方式，练习课和研讨课并不是正规的教学课程，因而该两种教学方式可以忽略不计。进而，通过考察科技因素对法学教育的影响，即考察其对讲授课的影响情况，可以认为其对法学教育基本上没有影响。随着中国考研政策、保研政策的变化，法学院的夏令营活动兴起，这是一种新的法学教育方式，在其中可以看到前述三种教学方式的并存，而且也可以看到科技因素对三者的深度影响；但由于其宗旨在于识别优秀的高年级法科学生（吸引其到

* 蒋志如，兰州大学法学院副教授、法学博士，研究方向：刑事诉讼法学、法学教育。

该校、该法学院就读研究生)，并且其规模小、持续时间短，因此效果有限。综上所述，科技、新教学方法等的兴起对中国法学教学（教育）的影响着实有限。

关键词： 科技　慕课（MOOC）　教学方式　夏令营　法学教育

一、问题的提出和讨论范围的界定、说明

中国法学教育存在诸种缺陷[1]。对法学院教师而言，既有诸如对法科教师要求苛刻、干预太多、课堂不独立等缺陷，还有对课堂内容要求太多，既要求教师讲授法学理论，又要传授法律技能，还要传道（法律职业之职业道德)[2]。

在这里，我们将进一步讨论科技这一因素可否对中国法学教育的缺陷有所弥补，或者说科技可否提升中国法学教育之质量。当然，在这里应当注意的是，“科技”是一个涵盖力非常强的概念，因而这里的“科技”有两层含义：①与“新”密切相关，随着科技的发展，新的教学工具和知识承载工具的出现引起课堂教学、法学教育的变化；②仅指两种工具，即慕课和翻转课堂（甚或其中的一种）对法学教育（教学）的可能影响，这也是本文所采取的含义，申言之：

所谓慕课，即 MOOC（Massive Open Online Course 的简称)，

---

〔1〕 对法学教育的缺陷的详细分析，参见蒋志如：《法律职业与法学教育之张力问题研究——以美国为参照的思考》，法律出版社 2012 年版；蒋志如：《中国法学教育的双输?!》，载《厦门大学法律评论》2010 年第 00 期。

〔2〕 参见蒋志如：《试论法学教育中教师应当教授的基本内容》，载《河北法学》2017 年第 2 期；蒋志如：《试论法学教育对法科教师的基本要求》，载《中国法学教育研究》2013 年第 4 期；蒋志如：《法学院教师在课堂教学中的意义》，载《中国法学教育研究》2018 年第 1 期。

即大规模开放式在线课堂，最早出现于2008年，经由美国Dave Cormier教授、Downer教授、Sebastian Thrun教授等人的持续努力，其最终被纳入高等教育系统，并逐渐成为一种席卷全球的教学方法、教学模式。就其实质而言，所谓的慕课，即“互联网+教育”[1]。中国的慕课教育也随之起步和发展，并建立中国大学慕课网站，一些课程在该平台上得到呈现，其中有一些法学课程，如武汉理工大学的刘介明等制作的“知识产权法”、中南财经政法大学的张德淼等制作的“法学通论”；通过观看视频、参与讨论、提交作业、穿插课程的提问和终极考试等环节达到考核的基本目标，并对合格者颁发中国大学MOOC认证证书[2]。

所谓“翻转课堂”，即将课堂内容通过视频的方式录制下来（作为“家庭作业”），由学生自己观看；在课堂上教师并不直接授课、而是通过辅导的方式帮助学生解决疑难、复杂或者说不懂的问题；其主要针对中小学教育，在数学、物理等课程中运用特别成功，特别是美国人萨尔曼·可汗创办的实施翻转课堂的可汗学院取得空前成功[3]。但这种教学模式在中国并未引起多大重视，因为就中国中小学教育而言，在高考指挥棒的引导下，教育部门、学校和教师均不敢轻易实验，他们固守着既有的经验提升

---

〔1〕 参见胡新星：《我国“慕课”发展研究》，吉林大学2015年硕士学位论文；董晶：《慕课（MOOC）的发展现状及对高等教育的影响》，山东师范大学2015年硕士学位论文。

〔2〕 参见中国大学MOOC网，载https://www.icourse163.org/，最后访问时间：2019年2月20日。

〔3〕 参见［美］乔纳森·伯格曼、亚伦·萨姆：《翻转课堂与慕课教学——一场正在到来的教育变革》，宋伟译，中国青年出版社2015年版，第19~21页；［美］萨尔曼·可汗：《翻转课堂的可汗学院——互联时代的教育革命》，刘婧译，浙江人民出版社2014年版。

教学质量和升学率[1]。

就此而言，两种新的教学工具、模式的确与学徒制、传统的学校教育有很大的差异，它们的一个基本特征是利用互联网，利用课堂之外的时间学习，目的是让学习者有更多的选择和自主性[2]。我们即在这一范围内分析科技、新的教学方法对中国法学教育的可能影响。

二、科技等因素对中国法学教育教学影响的现状——以教学方法为中心的探讨

英美法系以美国为典型代表，其法学教育的基本特点是案例教学法、苏格拉底教学法，其运行方式可以简单描绘为以教师引导式提问和学生回答的方式围绕案例展开讨论的教学过程；在该教学过程中，课程融理论、案例与法律技能于一体[3]。进而言之，美国法学教育是一种有组织的、严密的讨论课，虽然在形式上没有所谓的讲授课（理论课）和练习课（研习课）。只有当我们放宽案例教学法的视野，仔细审视案例教学课堂并将其扩展到课堂之外，教师的讲授（在提问、引导过程中必然产生对法学理论、法学知识的讲解）、学生的练习仍然存在或者说被发现[4]。

---

〔1〕 当然，中国也有自己的创新，即远程教育，利用名校的教学资源和网络资源，通过付费的方式实现教学资源的共享，以提升教学质量和升学率，这些班级被称为“××网班”，在这种课堂上仍然是教师主导，而非学生参与。

〔2〕 对此的详细分析，请参见［美］阿兰·柯林斯、理查德·哈尔弗森：《技术时代重新思考教育——数字革命与美国的学校教育》，陈家刚、程佳铭译，华东师范大学出版社2013年版，第93~104页。

〔3〕 对此的详细分析，请参见蒋志如：《法律职业与法学教育之张力问题研究——以美国为参照的思考》，法律出版社2012年版，第239~260页。

〔4〕 这一点在何美欢教授所著的《论当代中国的普通法教育》中有详细阐述，包括阅读、表达和写作等能力，写作、表达之能力虽然是在课堂之外展开，并主要由高年级学长或助教负责、主持，却也勉强可以算练习课。

大陆法系国家以德国为典型代表，德国法学教育教学方式有三种，即讲授课（理论课）、练习课（以分析案例为练习内容）和研讨课（在高年级展开，由教授主持，包括参与者选择主题、准备材料、发言，其他同学参与讨论、教师点评等环节）[1]，且教学方式间区分明显，如果与美国法学教育教学方式比较的话，它们的确迥异。中国属于后进国家，在学习西方的过程中，与大陆法系更有亲切感，进而无论是法律移植（特别是诸如传统的民法、刑法等实体法的学习），还是法学教育的学习与借鉴，也更多采用德、日之体制与制度，因此，在讨论科技对法学教育、教学方式的影响时，即以讲授课（理论课）、练习课和研讨课为范围展开，具体而言：

首先，就讲授课而言：中国法学教育的讲授课的表现方式比较单一，基本上是教师在课堂上讲解、同时通过板书的方式显示，学生只是被动地听讲，很少有师生的互动。当互联网、电脑技术得到广泛运用后，这一讲授课的课堂教学方式得到改善，即教师将课堂内容以 PPT 的方式呈现（代替了教师既有的黑板板书），有的 PPT 还可能以多元化的方式展示（有传统讲授的知识内容，更有视频资料、其他数据、表格等资料形式的展示），可以将讲授的内容以更加立体的方式呈现。这一新的技术对学生在课堂上理解知识的确有帮助，但到底有多大，这需要根据学生的学习情况而定。

但就本文所提及的翻转课堂（即将专业知识之内容录制成视频，学生课后听，上课仅做辅导的教学方式）而言。它在现有的

---

〔1〕 参见蒋志如：《试论法学教育中教师应当教授的基本内容》，载《河北法学》2017 年第 2 期。

高校法学教育讲授课中完全没有得到实践，甚至连试验、试点都没有。在目前中国高校的考核体制下，专业教学课堂上即强调教师的讲授，并不允许将其变成辅导课，进而没有翻转课堂成长的空间。网络上的慕课，在中国也只能作为一种额外的、补充的教育方式存在，高校本身并不承认以其学分取代（法）学院之修习，最多可以作为一种值得赞扬的经历而已（通过国家颁发的证书，但并不成为特定高校获得学位的组成部分），进而也仅仅是点缀；但是其情况比翻转课堂好些，前者在国家精品课程等指标激励下还有学校、学院制作〔1〕，后者基本上处于荒漠状态。进而言之，法学课程方面的慕课教育和翻转课堂对中国当下法学教育中的讲授课并没有任何实质上的影响，只有点缀意义上的影响而已。

其次，就练习课而言：练习课，或者说辅导课，并不是我国法学课程的组成部分，绝大部分学校的法学院并不开设该类课程，如“民法习题课”“刑法习题课”“刑事诉讼法习题课”。在笔者目力所及资料的范围内，的确有个别学校开设类似的课程，如某西部综合性大学开设辅导课，但与这里的练习课的运行迥异，其基本情况如下：①将法学院学生分配给学院所有老师（不愿意辅导的老师可以拒绝分配）；②指导老师在分配名额范围内指导、辅导学生，算课时（一学期大约36学时）；③是否实际辅导，开课学院、学校对其并无监管，其导致的后果是很少有实际的辅导，课时更多地只是增加教师收入的方式，只有个别负责的老师有实际辅导、引导，但这并非真正的练习课，而是学生读书

〔1〕 其实制作法学慕课的学校也没有承认学生修习慕课课程可以获得在法学院修习课程的同等学分。

活动的讨论课，是我们下面将要分析的一种教学模式。进而言之，就实质而言，并无练习课课程意义上的教学，进而科技因素的发展对其产生的影响也就无从谈起。

最后，就研讨课（讨论课）而言：当下中国法学院亦无专门的、严格意义上的研讨课程。如果放宽视野的话，中国的案例课或许可以充任。申言之，如果从理想型来看，案例课应当作如下运行：①准备案例，②学生发言讨论，③教师总结，这是对美国案例教学法改进（没有以苏格拉底的方式展开）后所形成的中国式讨论课[1]。但就实践而言，很多教师的案例课演变为如下模式：①根据自己的计划，教师准备若干案例；②课堂解剖、展示案例；③通过解剖、展示例证一些法学原理或者自己的观点、情况或经验。进而言之，这些教师将案例讨论课则变成了案例式的讲授课。进而，前述讨论的法学领域的慕课与翻转课堂等新的教学方式对其实则没有多少影响，甚至没有影响。

根据上文，我们可以有如下两点总结：

（1）根据中国当下法学教育现状，法学院的教学方式主要是讲授课，研讨课、练习课则处于零星点缀状态或者说可有可无状态，至少国家法学教学指导委员会对后两种方式没有强制要求，只对法学课程的讲授课有强制要求，或者说只要提到诸门法学课程的教学，即指讲授课式的诸门法学课程的教学。

（2）所谓的科技等因素带来的慕课（法学方面的）和翻转课堂在中国讲授课领域面临发展阻碍，国家、各大高校法学院并不承认通过慕课学习方式获得学分（仅将其作为学生的一种学习经

---

〔1〕 对科研不太追求的老师，该课程其实更像老师的练习课。我国的讨论课上整个讨论过程存在各说各话的问题，总结常常与讨论关系不大，其实当下的一些学术会议也存在此问题。

历而已)，更不允许教师将课堂从讲授课变成辅导课。

总而言之，以慕课、翻转课堂为代表的科技因素对中国当下法学教育课堂教育的影响着实有限。

三、法学院中新因素的萌芽：夏令营中的法学教育

大约自2014年以来，一些著名法学院进行了一种新尝试，即举办夏令营等学习班，如北京大学、清华大学、中国政法大学、浙江大学、上海交通大学、四川大学、中南财经政法大学等学校的法学院举办的夏令营活动。但各个层次的大学法学院的夏令营根据其不同的定位、要求和可能吸引到的学生水平采取了不同的策略，进而呈现出不同的教学模式：

第一类夏令营一般由全国顶级高校的法学院举办：①它的准入条件高，要求至少是重点大学法学院或者指定政法学院的高年级学生，且学生成绩在班级名列前茅，有论文发表的学生有优先权。②参加夏令营的学生将接受系统学习、专业训练，虽然不同学校有些许差异，但均包括如下内容：围绕某个主题的系列讲座(相当于讲授课)，案例分析课（甚至有的学校直接以苏格拉底教学法展开)，研讨课（根据给定的主题、收集资料、发言，相互讨论，并由教师主持)。③该夏令营的教师，部分为法学院教师，部分为聘请的外校教师、甚至外国法学院教师，他们主要的任务是发放阅读资料、提供收集资料的网络资源、图书馆资源，充分引导阅读过指定资料的学员练习案例、组织撰写论文以参与讨论课；学生则在教师的引导、指导下充分参与夏令营的案例阅读、资料阅读，在案例课、研讨课上积极发言，并撰写案例作业和（小型）学术论文。④夏令营根据学员表现情况评定优秀、合格、

不合格三个等级的学院毕业证，优秀者可能预先取得保研资格（其前提是取得学员所在学校的保研资格）。

在该类夏令营活动中，翻转课堂、慕课等均对其产生深刻影响，教师发放的资料、课堂的辅导、案例的研习、讨论课的展开非常充分，学生必须借助这些资源（如课后观看视频资料）方可达到优秀的等级。因而，我们可以说这一新兴的法学教育受到了科技等因素的高度影响〔1〕。

第二类夏令营由知名高校法学院（通常是拥有法学一级学科博士点的高校法学院）举办：①这类高校法学院举办的夏令营对学生的要求没有第一类高，但也有条件，至少应当是来自“211”以上高校的法学院，也有成绩名列前茅的要求，有论文发表的学生更容易受到青睐；②参加夏令营的学生同样要接受该学院教师的系统训练，课程包括系列讲座、研讨课，要求学生阅读相关资料、撰写相关主题的小论文、参与发言，但指导培训的教师以法学院的师资力量为主，也可能聘请一些国内优秀教授参与；③法学院同样根据学生在夏令营的表现情况作为是否授予其预先保研资格的标准。

与第一类夏令营的区别是开展教学的方式和规模有些差异，后者讲授课的比例更高；研讨课的比重低一些，但也占据重要地位，因为只有通过研讨方可发现、挖掘优秀的学生；案例练习课的比重较低，因为该类课程一般不是以大陆法系的练习课为模仿目标而是以美国案例教学法为模仿范本，这些学校的法学院要在

〔1〕 其实，这一影响主要是理论上的，因为此类教学方式的成本比较高，而传统的教育方式可以满足夏令营中的各种教学方法。

夏令营实施这一教学方法有师生两方面的不适应性[1]。进而言之，这类夏令营需要学生在课外阅读的资料、文献和视频资料等大大减少，依靠传统教学资源足已实现。

因此，以翻转课堂、慕课为代表的新科技手段对这一类夏令营法学教育有影响，但已经大大减少。

第三类夏令营一般由具有硕士点的法学院或者相关学院举办：①这类夏令营准入条件低，申请者只需要成绩优异，且在其所在学校、学院具备保研的资格。②法学院所组织夏令营之教师全部由本院教师组成，一般以讲座的方式展开，持续的时间一般为5~7天；课程之宗旨不在于在课堂之外开辟新的法学教育，而是利用该平台宣传学校、学院，以吸引学生到本校读书。③夏令营结束，所有学员均将获得优秀或优良的学习证书，在选择保送该校时，获得优先录取权。

这类法学院举办的夏令营，并不在乎新的教学方式的展开，因此以翻转课堂、慕课等为代表的科技发展要素对其没有影响。

根据上述分析，中国大学法学院举办的夏令营的确丰富了既有的法学教育方式，促进了中国法学教育的发展，虽然是否举办、以什么方式举办，各个法学院不一、各有差异，而且有些差异还是本质上的，反映了该校、该学院夏令营学生质量与教师能力的整体水平，进而采取了不同的教学方式，申言之：

就其共同点而言，所有的法学院举办的夏令营活动之目的都

---

〔1〕 具体而言，法学院的教师一般为本校教师，需要教师与学生阅读的案例材料一般为英文，教师未必愿意花时间，学生的英语水平也未必能胜任。对此有实践的文献，请参见何美欢：《论当代中国的普通法教育》（第2版），中国政法大学出版社2011年版。

是适应国家提倡的研究生保送政策[1]，吸引全国优秀的法学本科生，以提升该法学院研究生的生源质量。进而言之，夏令营是各个大学法学院吸引优秀法学本科生的基本方式；当然，在另一方面，由于其针对的对象是大学本科高年级学生（二、三年级），这扩大了法科学生的视野，也促进了中国法学教育的发展[2]。

但是，应当注意的是，与其说是夏令营活动特色的吸引力，还不如说举办该活动的法学院及其背后的高校的吸引力更高，申言之：①全国一流高校拥有优秀的师资，也能邀请、聘请全球的优秀教师参与夏令营，同时也可以吸引全国优秀的法学本科生参加，前述三种教学方法均有条件充分展开，进而有翻转课堂、慕课等科技对这一新的法学教育形式的深度影响，吸引和识别优秀学生，培养学生专业技能成为该类夏令营的目的与宗旨；②但次之的法学院则不具备该条件，进而有些教学方式无从展开，或者说展开的成本太高，法学院不能提供、不愿意提供这些教学方式，他们只需要通过研讨课的方式即可识别出优秀的学生，进而言之，该类法学院举办夏令营的主要目的和宗旨并不是培养学生素质，而是识别优秀学生；③再次之的法学院举办的夏令营连吸引优秀生源的功能都不能达到，他们期望通过该活动吸引符合保

---

〔1〕 根据当下的研究生保送政策，学生的学习成绩仍然占主导地位，而各个学校的期末成绩、学生综合素质排名做法很不一样，不能保证分数与能力的一致性，各个法学院只能自己亲自考察，法学院举办的夏令营因此成为非常重要的考察方式和一种新的教学方式，也成为很多法学院，特别是重点大学法学院的常规方式。

〔2〕 这种教学方式的确比法学课堂教育还有效果，原因很简单，参与夏令营的三方（法学院、教师与学生）均有内在动力积极参与，因而讲座、案例课和研讨课的效果远远高于课堂教育：对于学生而言，积极参与表现自己，让自己的能力得到肯定，进而获得保研的预录取资格（学生还得获得本校的保送资格）；教师通过该活动辨识、发现优秀的法科学生（还可能成为自己指导的学生）；法学院也可以乘此机会宣传自己、提升法学院的实力和知名度。

送条件的学生进入法学院学习，因为他们所在的学校没有更多吸引力，但他们认为保送的学生在整体上比没有保送资格的学生更优秀，保送资格本身起到了识别优秀学生的功能，而对于前两类学校来说，该保送资格则不能达到其所要求的识别功能，只是前提之一而已。

因此，如果结合传统法学院教育分析，我们还可以得出两个判断：其一，科技对此类新形式的法学教育产生了影响，而且对第一类夏令营可以产生高度影响；其二，以翻转课堂、慕课等为代表的新科技因素对法学教育能够产生影响，但对既有法学教育体制下的法学院教学方式的影响很小，或者说该影响可以忽略不计。

法学院举办的夏令营形式的法学教育无法成为法学教育的常规组成部分，其效果也大打折扣，而且还不能在所有法学院全面铺开，因为其成本运行非常高。

四、科技变迁语境下教师、学生角色的变与不变

根据前述，在应然意义上，科技的发展必将对法学教育产生积极影响，但对中国法学院传统教育的影响却非常有限。为什么会出现这一现象，要让科技因素对中国法学教育产生积极影响、特别是普遍的积极影响，教师与学生之角色应当发生哪些变化或者说应当满足什么条件，本部分拟将对此作出初步分析：

首先，从国家教育体制看，教育部、各省教育厅对所有高等学校的考察、监督，高校内部对法学院的监督、考察，法学院对法学教师的考察，让高校、法学院、法学院的教师处于行政监管之下。被监管者、被考察者与前者形成行政命令关系，教师与法

学院均很难在既有的教育体制、持续的考察要求中有太多自己创新的空间，具体而言，法学院、法科教师在既有教育政策、教学大纲和教材的约束下，他们的教学课堂并没有多少可以独立活动的空间，如在课堂上的讲授课通过翻转课堂的方式转变为辅导课。

其次，教师本身创新的动力问题，中国现有教育体制让教学活动不能成为教师最重要的事项：对于一名教师而言，他的教师工作包括三项，科研工作、教学工作和接受法学院的行政领导工作。而且教学工作虽然是基础事项，却不是最重要的事项，最重要的是教师之科研，因为科研情况与其收入成正比，教学仅是一个大致固定的常量而且基数不高。在中国高校教师，特别是地方高校法学院教师的收入现状下，他们可能没有多少动力花更多的时间创新教学，即使在传统教学中，也尽量减少投入，或者说从效率角度看，他们可以花费最少的时间达到关于教师的基本要求或获得相关收入，而即使花费更多时间也难以获得更多收入。

最后，从学生角度看，学生缺少学习（特别是深度学习）之动力：①当前的法律职业需求还没有直接与法学教育建立有密切联系，学生没有即时学习的内在动力；而国外法学教育，特别是美国法学教育与法律职业有密切关系（优秀学生与好工作、高收入密切相关）[1]，许多进入法学院学习的学生都有学习之强大动力。②在课堂之内，教学方法单一，没有正规的练习课、研讨课，课程对学生缺乏吸引力，更没有严格的考试制度，学生无需花费多少时间即可获得毕业需要的学分，只需在期末前一两周通

---

〔1〕 对此的详细分析，请参见爱岑：《美国常春藤上的中国蜗牛：美国法学院求学记》，法律出版社 2007 年版，第 358~375 页。

过突击的方式即可达到该学期所有课程考察的目标[1]。总而言之，无论是从社会需求看，还是从法学教育的实施过程看，学生很难产生学习、特别是深度学习的动力。

综上所述，既有教育体制和法学教育的管理体制导致了以翻转课堂、慕课等为代表的现代科技因素对法学教育，特别是深度学习的法学教育影响甚少。

另外，当法学院发挥主观能动性，在一定时间内、在一个特别限制的空间内，我们可以看到科技对法学教育的可能影响，前述各个法学院举办的夏令营活动即是如此。根据前述，我们也可以看到科技要素对法学教育要产生积极影响需要很多条件，一些是传统法学教育必须的条件，一些是科技因素影响下增加的条件。在这里，笔者将假设，在理想状态下，科技对法学教育产生普遍影响的假设下（而非前述夏令营的运行状态，或者说是我们可以将前述法学院举办夏令营活动扩展之后的状态），法学教育中学校（包括学院）和师生角色的可能变化：

首先，从学校、学院角度看：科技的发展，科技的具体应用，如互联网技术、信息技术在法学教育中的应用，它需要将信息转化为知识、理论和思维方式，需要将其与法学理论、司法实践的相关知识进行方式的转化。要实现这一方式的转化，就要使外部资源成为教师、学生可以随手接触到的信息和资源，需要学校、学院这两级主体建设相关平台，为教师、学生提供各种可以

[1] 对此的深层问题，特别是学生在教学中的选择情况的详细分析，请参见蒋志如：《中国法学教育的双输?!》，载《厦门大学法律评论》2010年第00期。

轻易接触和获得的服务[1]。

其次，从教师角度看：在讲授课的场域，在科技的影响下，教师应改变或提升自己获得信息的方式，改变自己展示授课内容的方式，为学生提供更好的学习机会。在案例课和练习课中，它要求教师获得更全面的关于练习题、案例的相关信息、深层次问题，要求教师通过最新的方式、手段获得更多的感悟和思考。在研讨课语境下，它更要求教师对讨论主题、对学生发言有更多的洞悉、把握，有理论深度和高度以引导学生进步。进而言之，无论是哪种教学方式，在科技的影响下，都要求法科教师继续学习，甚至是终身学习，方有能力在各种教学课堂引导学生，否则，科技的影响无法通过该三种教学方法，特别是案例课和研讨课表现出来。

最后，从学生角度看：学校、法学院和教师提供的教学资料、各种教学课堂只是为学生学习提供了机会，它并不意味着学生在有科技影响下的讲授课、案例课（练习课）和研讨课上就可以提升学习的能力和获得更丰厚的法学理论知识和法律技能。欲达致该目的，学生应当更自觉地参与到学习之中，更自觉地参与到案例练习和探讨之中，更加自觉地收集资料、提出问题、表达自己的独特见解；简言之，它要求学生花费更多时间和精力投入到科技影响下的法学教育之中。

总而言之，优秀的法学教育是教师的“教”与学生之“学”共同努力的结果，而非一方的独角戏。而且，随着科技影响的深

---

〔1〕 好大学的学校和学院都能提供这一服务（对此的详细分析，请参见蒋志如：《美国大学、法学院与中国大学法学院——读〈耶鲁精神——感受耶鲁大学及其法学院〉》，载《中山大学法律评论》2010年第1期），当然最重要的还是优良教育体制的形成。

入，学生与教师虽然在教学方面有更多的选择，但实际上，无论是对教师来说、还是对学生来说要求更高，因为需要处理的信息、知识增多，而法学理论知识和法律技能深度学习之要求从来没有降低。

五、结语

法学教育是一种职业教育，它要求学生掌握法律知识、理论与专业技能。法学亦是正义之学，更要求学生通过掌握理论、练习案例、开展研讨等方式领会法学之理念和法律人的思维方式。学习模式的第一个层次是知识、理论之掌握，第二个层次是法律技能的习得，第三个层次是通过各种教学方式领悟法律理念和法律人的思维方式。进而言之，这一学习要求深度学习，而非简单的知识掌握，是在学习中实现法学知识、司法经验与法律智慧的融会贯通。

当科技得到发展，其对法律、法学和法学教育之影响亦自然而然，一方面扩展法学知识，引起法学理论和理念的变迁以及法律制度的变化，进而对法学教育产生深刻影响；另一方面，科技的发展也引起教学方式的变化，即教师与学生获得相关法律知识、法律资讯更加方便，获得的渠道、方式也越来越多元，因而更多元的教学方式应当得到呈现，如前述提到的“慕课（MOOC）”和翻转课堂。

但是，当具体到中国语境，中国既有的法学教育本身存在一定的问题，而且有些问题是体制性的，因而法学教育的课堂教学效果不够好，教师一方面是没有过多可以创新的空间，另一方面由于收入等原因亦无心于课堂创新；而且即使有科技［如“慕课

（MOOC）”和翻转课堂〕的影响，实际上产生的影响也并不够大。

不过，随着中国教育部考研政策的调整、特别是保研政策的调整，一种正在兴起的夏令营活动代表着当下中国法学教育的进步和提高，丰富了中国既有的法学教育实践。虽然究其本质而言，该种形式的法学教育有时间短、容纳学生人数少（一般 30~50 人，很少有超过 100 人的夏令营）等缺陷，而且该活动的基本宗旨在于识别优秀的高年级本科生，吸引他们进入该夏令营所在的学校、法学院就读研究生；但是法学院、教师、学生在此有深度的共识（识别优秀和表达优秀），进而均产生强大的动力，在法学教育之课堂（以讲座形式体现的讲授课，以案例教学课、练习课和研讨课展现阅读能力、表达能力和写作能力等法律技能）体现出深度学习的效果来，进而当科技因素成为改变社会、时代的因素时，它也影响着中国法学院的夏令营活动，虽然对不同层次、类别夏令营的影响有差异，甚至有的夏令营还没有体现出科技对其的影响。

总而言之，以“慕课（MOOC）”和翻转课堂为代表的科技因素虽然对法学院的夏令营有影响，但效果并不明显，对中国法学院传统的法学教育的影响甚微，究其本质原因，即中国高校、法学院缺少深层次的师生良好互动的教学课堂。

新媒体背景下应用型法律人才培养模式探索*

◎漆海燕**

摘　要：过去几年，各个高校的法学专业都在探索从传统的通识教育模式向应用型法律人才模式的转变，而本文旨在分析新媒体技术盛行的背景下，探索应用型法律人才培养模式的实现路径。从教学技术的改进，到实践路径的拓展，都要与当下盛行的各种新媒体技术相结合，充分利用其传播信息的便利优势，让传统的法学教育与现代技术相结合，使法律学科更具适应性和生命力。

关键词：新媒体　培养模式　法律 APP

* 基金项目：四川省 2018—2020 年高等教育人才培养质量和教学改革项目。
** 漆海燕，女，四川农业大学法学院法学系讲师。

引　言

2011 年，教育部、中央政法委联合颁布的《关于实施卓越法律人才教育培养计划的若干意见》中，指出培养应用型法律职业人才是实施卓越法律人才教育培养计划的重点。在过去几年中，各个高校的法学专业都以卓越法律人才培养为目标，进行了各种改革与探索。在新媒体盛行的今天，法律人才的培养应当借助这种新的信息传播途径，探索更有效的培养途径。

美国大法官霍姆斯说过，“法律不是逻辑的结果，而是经验的积累”。法学是一门实践性特别强的学科，法学教育不能困守于课堂。怎样让学生走出课堂，让老师走出课堂，让法学专业的师生互动不局限于课堂，让法科学生的实践直面社会，在新媒体盛行的今天，这一问题已经可以得到解决。

一、高校应用型法律人才培养的现状

（一）应用型法律人才的定义

关于应用型法律人才的定义，学者们有各自的见解。王利明教授认为，“应用型法律人才，意在培养未来在立法机关、司法机关、行政机关、各类法律服务机构工作以及从事企业法务工作的优秀人才”。[1] 赵秉志教授则认为，“应用型法律人才是将法律专业知识和技能应用于法律实践的一类专门人才”。[2] 此外，霍宪丹教授的观点是，“应用类法律人才，又称为法律实践者，

---

〔1〕 王利明：《卓越法律人才培养的思考》，载《中国高等教育》2013 年第 12 期。

〔2〕 赵秉志：《法律人才培养的根本目标》，载《法制资讯》2012 年第 1 期。

主要指法官、律师、检察官以及立法人员、公证员等”。[1] 以上学者的观点反映了主流学术界对于应用型法律人才的一般定义，总结来看都包含了需要将法律专业知识与实践结合起来的综合能力。

（二）应用型法律人才培养的现状

虽然早在2004年，教育部就提出了“卓越法律人才培养计划”，但是其实施情况并不理想，很多高校在应用型法律人才培养中主要存在下列问题：一是课程体系不合理，重理论轻实践，课程设置上实践课程课时比重明显偏低。课程知识陈旧，没有及时更新、与时俱进，难以及时呈现社会上不断出现的新事物和新变化。各个高校课程千篇一律，没有结合院校特色，整合学科资源开设复合型的法学课程。二是教学手段单一，大多数都是老师讲授、学生听课的知识传授形式，学生难以集中注意力，效率低下。三是实践教学体系不完善，目前法学专业实践教学主要是采用模拟法庭、模拟仲裁、法律诊所、到司法机关实习等方式，而受制于各种现实条件，实践效果并不理想，存在理论与实践难以结合的情况。四是教学评价体系不科学，现在大多数的教学评价主要体现为老师给学生的分数，学生对老师的满意度评价方面，在教与学两个方面都缺乏科学的评价体系，评价标准模糊，评价项目不详细，难以真实全面地反映教学结果，教学评价与法学教育没有形成良性的互动模式。

---

〔1〕 霍宪丹：《中国法学教育的反思——兼论法律人才培养模式的定位与重构》，载霍宪丹主编：《当代法律人才培养模式研究》（上卷），中国政法大学出版社2005年版，第7页。

二、新媒体对传统法学教育的影响与冲击

传统的法学教育注重通识教育，专注课堂，以老师讲授为主，结果往往是老师讲得口干舌燥，学生听得昏昏欲睡。法学专业虽然也有大量的案例教学，但是对学生来说这些案例往往是书上的故事，无法产生同理心。如近两年引起社会广泛讨论的各类“正当防卫”的案件，具有丰富的实践性和表现性，但是法科学生在课堂上学到的正当防卫知识，仅是极其抽象的几个条件，在面对这些生动的案例时，学生就只会生搬硬套地将正当防卫的条件安上去，结果出现了各种不适应的情形。法律是极其抽象简练的，而实践中的案例却不会按照法律的规定发生，因而学生在实践中会产生很多困惑。

新媒体技术的盛行给传统法学教育带来了强烈的冲击。首先，对法律知识本身的冲击，现代信息技术的发展，使得社会关系不断变化，而法律往往具有滞后性，在知识产权法方面尤其突出，如信息网络传播权、域名等权利的保护，都是在现实中出现了大量的案例后，法律才进行规定，这中间就有一段时间出现了没有法律规制的乱象。而随着新媒体技术的发展，这种情况的出现会越来越频繁。其次，对教师教学理念的冲击，现在学生通过手机、电脑可以轻松获取各种信息，直接接触到社会热点，而有的老师多年不更新教学内容，一个案例讲十年，在新旧知识的强烈对比下，学生就会产生对教师的质疑，甚至引起对专业的不满。再次，对教学技术的冲击，学生正处于充满求知欲和好奇心的年纪，对各种新事物能够迅速接受，熟练掌握各种新媒体技术，现在年轻人更喜欢利用手机、电脑等工具进行信息的交换与

传递，一些传统的沟通方式已不能满足当下学生的需求。因此如果不及时更新教学技术，就难以让教与学双方建立先进的沟通方式。最后，对传统学生实践途径的冲击，以往学生实践主要是到法院、检察院和律师事务所进行实习，而现在网络技术十分发达，大家都习惯有事没事搜一搜，在网络中寻求答案，所以实际上网络中有大量的法律服务需求，可以让学生直面千变万化的法律纠纷，而现在却很少有将学生与网络法律服务联系起来的平台，由于缺乏沟通的桥梁，错失了这一广阔的实践基地。

因此，在新媒体技术盛行的背景下，要培养应用型的法律人才，必须从教学观念和实现途径多方面进行探索和转变，不断地与时俱进，使法律学科充满生命力。

三、"律必答 APP"的案例启示

雅安律必答商务信息咨询有限责任公司（以下简称"律必答公司"）是由四川农业大学法学院 2015 级的学生于 2018 年创立的。该公司的经营模式以建立"律必答 APP"和在淘宝售卖"律必答"法律服务包两种形式为主，充分利用了新媒体技术，开创了学生创业实践的新渠道。

"律必答 APP"是在手机和电脑上都可以下载安装的客户端，其后台匹配的法律服务人员均为学校的在校学生和专业教师，充分满足了学生的实习和勤工俭学的需求。其主要功能有：其一，语音文字对切功能，开通语音与文字切换功能。在此功能下，发送方发出的语音可自动转化为文字，省去繁琐的输入过程。系统可根据接收方的实际需要，自动播报发送方发出的文字信息。这能极大地满足一些追求效率的顾客与律师，节约时间成本，更加方便快捷。该软件还会将部分禁止出现的文字、号码等设置成一个文字库，这个文字库里面的文字和号码都禁止显示在聊天系统中。其二，资料自动分类功能，将顾客与法律服务人员聊天过程中发送的图片和文件自动分类，方便事后查询。其三，植入C-mail功能，发送的邮件，不仅仅能够投递到对方的邮箱中，同时还会在对方的聊天窗口里有所提示，重要的邮件不会错过。其四，时间提醒功能，客户进行文字咨询的时候，法律服务人员一进行回复，系统开始自动计时，在与客户方的聊天系统内显示出咨询的时间，法律服务人员在了解案情后自行掌握时间（时间只是起到一个提醒作用）。其五，电话咨询功能，非WIFI状态下，采用顾客直接拨通公司企业号的方式与法律服务人员进行联系。通过相关技术实现对接过程中顾客与律师的号码隐藏，并将对双方的通话进行录音和实时监督。

“律必答APP”最大的特色在于它开设了专门的乡村法律服务板块。通过对接乡村，实现乡村法务一体化，聚焦扶贫、法治、三农等国家热点问题，走城乡结合之路，响应国家“乡村振兴战略”，送法进村。律必答公司通过与乡镇政府进行洽谈，与村委会建立合作关系，以村法律服务站为落脚点，推广法律咨询服务平台，将农村客源作为一个特别关注的对象，纳入服务体系，助力法治乡村建设。主要方式为在农村开通法律服务热线，推广APP，提供包括法律咨询、转介、法律援助、普法宣传等服务，一方面推进乡村法治建设，一方面拓展法律服务内容。

本着自愿原则，律必答公司定期派送律师前往合作点进行现场法律咨询，实地解答村民的法律问题，由村政府支出报酬，平台收取一定中介费。也可以由法学专业大学生前往指定地点进行免费法律咨询服务，并由接收方提供实践证明。

“律必答法律服务包”则是通过“顾客拍单—后台匹配法律服务人员—案情交流—呼叫法律服务人员—按线上路线到达指定地点—实体服务”的流程，建立线上线下互动法律服务模式。该模式需要突破地域限制，通过不断地与各大高校进行合作，吸收来自全国各地的法科学生加入，使其成为后台工作人员，并根据特长进行分工，一部分是提供法律咨询服务的人员，也是核心团队；另一部分是客服、接线、售后等工作人员。整合各高校法律优秀人才，通过网上售卖法律服务的方式，按照上诉的服务流程，搭建全新的教学实践平台，将法学理论与实践相结合，培养具有较强实践能力的优秀法律人才。

无论是“律必答 APP”，还是“律必答法律服务包”，都设置了完善服务评价体系。为竭力保护消费者权益、赢得消费者信赖、营造一个公开透明、权威的法律咨询服务平台，完善“业务评价系统”需要长久的发展建设，并进行公开公布，供消费者及全社会进行监督，不符合“业务评价系统”要求的法律服务人员将被解除合作。以此来保证平台的律师服务质量，便于与广大消费者建立持久的良好的信赖关系。

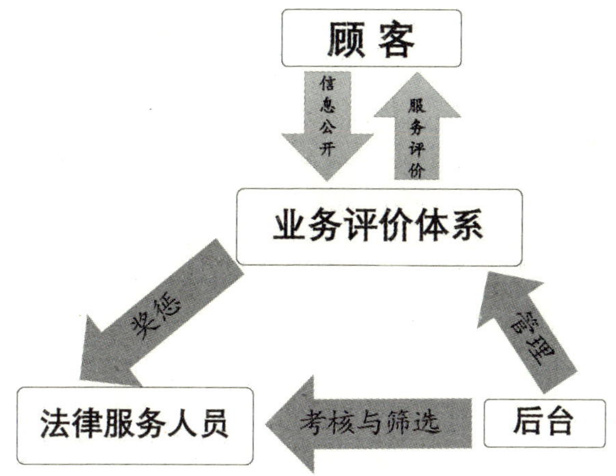

“律必答”模式构建了一个完善的法律实践平台，其不仅有成熟的商业运行模式，可以保证平台长久的运行和发展，而且为法科学生提供了良好的实践基地。它要求提供法律服务的学生必须拥有深厚的理论功底，还要有灵活运用法律知识的实践能力，这为新媒体背景下应用型法律人才的培养提供了一条可供借鉴的有效途径。

四、新媒体背景下应用型法律人才培养的路径探析

（一）建立科学合理的课程体系

首先，课程的设置要与卓越法律人才目标相结合。科学合理的课程体系是人才培养改革的前提，在教育部全面实施卓越法律人才培养模式的要求下，培养应用型、复合型法律职业人才，适应多样化法律职业要求，坚持厚基础、宽口径，强化学生法律职业伦理教育、学生法律实务技能培养，提高学生运用法学与其他学科知识方法解决实际法律问题的能力，促进法学教育与法律职业的深度衔接。

把培养涉外法律人才作为培养应用型、复合型法律职业人才的突破口。开设法律英语课程，有条件的学校还可以开设其他语种的法律课程，提高外语授课水平，适应世界多极化、经济全球化深入发展和国家对外开放的需要，培养一批具有国际视野、通晓国际规则，能够参与国际法律事务和维护国家利益的涉外法律人才。〔1〕

把培养西部基层法律人才作为培养应用型、复合型法律职业人才的着力点。在课程设置上应适应西部跨越式发展和长治久安的需要，开设涉农法律课程，尤其是与农村土地、农业产业、农业经济相关的法律课程，依托高校内部专业特色，整合法学与本校其他优势学科资源，培养有特色的复合型法律人才。西部高校有其独有的地理优势，更应该将法学专业与本地区实际相结合，培养出能扎根基层、服务西部的专业法律人才。

其次，加强实验课程的比重设置，增设课外实践环节。传统法学教育过于注重理论知识的传授，而对学生的实践能力培养力度却不足。要培养应用型的法律人才，必须对课程体系进行改革，增加实践课程比重，并将课外实践环节纳入课程考核体系中，根据法律职业的需求，树立以能力培养为核心的法律实务教育理念，〔2〕加强对学生实践能力的培养，使学生毕业后能更好地适应法律职业。

最后，课程体系的建设还要与教材库、数据库同步。自2004年4月起正式启动的“马工程”项目，至今已近十六年。其重要

---

〔1〕 教育部、中央政法委员会:《关于实施卓越法律人才教育培养计划的若干意见》，2011年。

〔2〕 付子堂:《建立以能力培养为核心的法律实务教育体系》，载《光明日报》2007年12月25日，第11版。

建设目标之一，就是有目的、有组织、有计划地编写139种基本覆盖高校思想政治理论课和马克思主义理论、哲学、政治学、法学、社会学、经济学、文学、历史学、新闻学、教育学、管理学、艺术学等哲学社会科学主要学科专业的基础理论课程和专业主干课程教材，逐步形成具有中国特色、中国风格、中国气派的哲学社会科学教材体系。“马工程”系列出版的法学教材已基本涵盖核心主干课程，为法学教育提供了优秀的教材资料。高校还应当鼓励教师编写能够结合学校学科优势的复合型法律教材，比如农业院校可以编写各种涉农法律教材，以配合课程体系的改革，适应复合型法律人才的培养需求。除了教材的建设之外，在信息技术发达的今天，还需要加强法律数据库的建设，为师生提供丰富的数字资源。

（二）融合先进的教学技术

教师必须改进自己的教学观念和教学技术，借助各种新媒体技术，随时掌握最新的法律资讯和热点案例，及时更新教学内容，走出自己的舒适区，适应学生的求知欲和猎奇心理。网络的发展改变了信息的传播方式，信息的传播速度更快、面积更广，获取信息也变得更加容易，因而法学知识的传播也要适应网络的变化。通过各种新媒体方式，将先进的信息传播技术融入课堂，并服务于法学教育的全过程，使师生都能成为信息的传播者和获得者，培养符合时代需要的应用型法律人才。

首先，引入各种教学服务软件，开辟网络第二课堂。现在市场上有很多优秀的教学辅助软件，可以通过手机APP或者电脑客户端等形式进行使用。将这种软件引入课堂，老师将所授的法律知识以及课件、视频等教学资料放在软件上，通过软件发布作业训练，进行作业批改、互动答疑等，让教与学都不受时间地点的限制，使知识能够被更好地传递给学生。

其次，老师需要不断地掌握先进的计算机技术，将其运用到教学中去。在信息网络发达的时代，人们对手机和网络十分依赖，随时随地都能够获取各种生动新奇的信息资源，人们猎奇心越来越强，专注力却越来越差。如果教师的授课还是简单的知识列举，没有生动丰富的教学资源和多变的技术手段，学生很容易分心，难以集中注意力。因此需要老师能够与时俱进，熟练使用各种热门的软件程序，了解学生们的关注点，如抖音上很多老师非常受欢迎，这就是教学技术与时俱进的体现。

再次，建设专门的课堂法律服务网站，解答课堂上的难题。现在的法学课堂教学受时间地域的局限比较大，学生对于课堂上的难题除了找老师就是找百度，由于老师精力有限，不能一一辅导学生，而网上搜的答案又杂乱不堪。学校可以建设一个针对法律课堂教学的服务网站，对法学理论难题和实践难题进行专门的解答。该网站可以以学科为单位，将每门课程中常见的理论难题、理论前沿、实践困惑、课程训练以专题的形式进行列举和探讨，师生都可以就某个专题发表意见进行讨论。这样法学教育就不局限于课堂，且时间上比较自由，每个人都能畅所欲言，这更能激起思想的碰撞，充分锻炼学生的法律思维和理解能力。

最后，通过网络技术实现线上线下共享教学资源。现在很多学校都在推行各种教学资源分享平台，如慕课平台、精品课程共享平台、学习贴吧等，进行全国乃至全球的教学资源共享。

（三）拓展学生的实践路径

现在网络技术十分发达，大家都习惯有事没事搜一搜，在网络中寻求答案，所以实际上网络中有大量的法律服务需求，这为法学学生提供了广阔的实践基地。因此，应当提供途径向网络拓展学生的实践阵地。

开发专门的法律咨询 APP，如四川农业大学法学学生的创业实践项目——“农民法律宝 APP”。该项目是面向西部地区农村推广的一种专门提供农业法律知识服务的手机软件。学生充分运用学校提供的复合学科优势，钻研农业法律知识，而传统的实践途径难以满足复合型人才需要，因此，学生们自主研发了一款专门提供农业法律知识的手机软件，为农民提供有针对性的法律服务，也能更好地将所学知识应用于实践。该 APP 分为农地法律知识、农产品法律知识、婚姻家庭法律知识、村规民约、其他法律知识五大板块，针对农民主要涉及的法律纠纷提供精准有效的法律服务。提供服务者主要为法学专业的教师和学生，并且服务不收取费用，项目运行费用主要靠广告投放和政府补助等，旨在打造服务于西部农村的公益性法律服务平台。

开通微信公众号，进行专业法律知识推送。微信公众号是现在比较流行且实用的信息推广平台，通过微信公众号可以向大众推送文字、图片、语音、视频、图文消息五个类别的法律内容，公众通过订阅就可以获取相应的法律推送服务。现在市面上已经有很多的专业法律微信公众号，且运行比较良好，因此将这种新媒体方式引入法学教学中，由教师指导学生提供专业的法律推送服务，可以极大地锻炼学生的法律文书写作能力和实践操作能力。

组建校园法律服务团队，送法进宿舍、进社区、进农村。现在很多高校都有法律援助中心，师生提供免费的法律服务，但往往都是被动地等待法律咨询，其案件量有限。可以组建校园法律服务团队，由法学专业学生为主力，主动进宿舍、进社区、进农村进行法律宣传和法律服务，其形式可以分为定期和不定期的法律宣传服务，这样不仅能提高法学专业的社会影响力，也能极大地锻炼学生的实践能力，为法科学生提供广阔的实践阵地。

网络售卖在线法律服务包，这是参考“律必答”法律服务包的运行模式。在网上提供有偿法律服务，可以锻炼学生实践能力，也可以帮助学生勤工助学，赚取生活费。上面几种实践途径几乎都是免费的，但学生实践也要考虑必要的人力和物力成本，所以引入有偿的法律服务，对于建立长久的法律实践平台是非常有必要的。

（四）搭建多元的教学评价机制

传统的法学教学考核，往往是以期末卷面考试为主，注重学生的应试能力。而现在越来越多的高校在进行考核方式的探索，力求能够全面考察学生的综合能力。如四川农业大学，就实施“环环合格”的考察模式，即要求每门课程的平时成绩比重不低于40%，平时成绩又包括出勤率、课堂作业、实验成绩等多种项目，要求学生在每一个环节都必须考核合格，否则即使卷面成绩再高也会被判为不合格。实施“环环合格”考核以后，不仅学生的学风得到极大改善，老师的教风也有很大的改进，因为这需要老师在学生的平时考核上面花费更多心思，认真评价学生的各方面、各阶段的能力素质，给出客观的评价与评分。

而法学教育绝不限于课堂，因此还必须搭建多元的教学评价机制。其一，课堂评价仍要重视。法学专业包含了庞大的理论知识，课堂上所传授的基本法律理论仍是整个法学专业的基石，只有掌握了这些知识才能进行实践。因此课堂评价仍是非常重要的环节，考察学生对理论知识的掌握情况，法律逻辑思维和理性思维能力的形成情况，法律语言的掌握和口头表达能力情况。其二，强化实验环节评价结果。法学专业在课程设置上有很多实验课，如模拟法庭、模拟仲裁、法律诊所等，这是学生最先接触到的法学实践，将课堂上所学的知识进行运用，去体验理解各种法律角色，在各自的角色上完成相应的法律知识的运用。这一环节考查学生对法律知识的领悟力和运用能力，因此应当加强对该环节的评价，并设置科学的评价标准。其三，建立师生相互评价平台。现在高校都有学生评教功能，但往往是一门课程结束之后学生对该老师的一个整体评价，而且往往是固定的几个选项，如非常满意、满意、不满意，其结果太过抽象，难以全面反映学生的评教情况。传统教学注重老师对学生的评价，而新媒体背景下学生对教师进行全面评价有了实现的途径，比如，开发一个教学互动 APP，教师的每堂课都可以在该软件里面观看，学生可以及时评价，提出自己的疑问和意见，并进行打分评价，这样就能使老师及时掌握学生学习情况，对学生的疑问及时解答，对不满意的地方及时改进，形成一个良性的互动体系。并且评教内容可以包括教学内容、教学风格、教学考核、教学态度等多方面，让学生可以全面地对老师进行评价。让老师不再高高在上、照本宣科，而是与学生互相学习，让教学“接地气”并与时俱进。其四，引入社会评价体系。现在的法学教育评价往往限于校园之内，没有重视社会对其的评价。可以引入社会评价体系，通过学生实习单位、法律服务对象对学生法律知识和素养的反馈情况，来对法学教育做有针对性的改进。法院、检察院、律师事务所、企业等单位作为法律人才的需求方，他们更知道市场上需要什么样的法律人才，哪些能力是最重要的，因此建立社会评价体系，将社会需求及时反馈给学校，调整课堂教学结构，培养出社会需要的法律人才。

（五）培养学生的法律信仰

信仰是指人们对某种宗教或主义的信服和尊重，并以之为行为的准则。而法律信仰就是人们对法律的一种忠诚的认同、坚定的遵守和认真地执行。法学家伯尔曼曾说："法律必须被信仰，否则它将形同虚设。"[1] 人们必须相信法律不仅是一种规则，它更多地包含了公平正义的价值，代表了人们不断追求美好生活的信念。法律和道德都是社会规则，而法律是最低的道德，法律本身包含了道德体系的诸多价值理念，比如正义、平等。因此法律必须像道德一样根植于人们的心中，得到遵从和尊敬。法律的至上性、权威性，既依赖于公众对法的神圣感情，又寄希望于社会公众发自内心地对法的真诚信仰、一种类似于宗教般的情怀。

在信息技术发达的今天，各种价值取向、文化思潮、道德观念冲击着学生的思想，而大学期间正是学生建立全面的人生观、价值观、世界观的黄金时期。法学本科教育作为培养法律人才的主要阵地，在教育中有意识地培养学生的法律信仰，树立起学生对法律坚定的信心和深厚的情感，有利于增强学生的法律观念，做一个坚定的马克思主义法学的实践者。通过各种新媒体技术，将法律信仰带入课堂、融入生活、深入思想，充分利用新媒体传播信息的优势，培养出有坚定法律信仰的法科大学生。

---

〔1〕［美］伯尔曼：《法律与宗教》，梁治平译，生活·读书·新知三联书店1991年版。

结　语

法学专业是实践性极强的学科，要培养应用型法律人才，就必须与时俱进。充分利用新媒体技术，在教学手段上面进行创新和改进，在实践途径上面进行拓展与完善，让法学教育不再局限于课堂，让学生学习不再困守于校园，培养出信息时代优秀的法律人才。

论地方高校法学本科教学的新隐忧*

◎孙　记**

摘　要：我国某些地方高校奉行“官本位”的思想，法学院因建院历史短而在本科教学上缺乏传统，教师钻研教学与应付教学没有外在分别。恰恰因为建院历史短，在学校各项政策制定、教师评职晋级中，法学院教师被潜在地不公正对待。随着“双一流”建设的展开，“金课”工程推行中的问题，会使科研基础好、年富力强的教师选择向重视法学“双一流”建设地区的高校流动，对促进法学领军团队的形成、“金课”教学目

* 基金项目：2017 年国家社会科学基金一般项目“中英刑事审判文化比较研究”，编号为 17BFX067；2015 年度国家法治与法学理论研究一般项目“法治与德治并重下刑事诉讼的诚信机制研究”，编号为 15SFB2022；黑龙江省高校基本科研业务费黑龙江大学专项资金项目“刑事司法场域中‘错判’的防范机制研究”，编号为 HDRC201601。

** 孙记，黑龙江大学法学院教授，黑龙江省高校人文社科重点研究基地“法学理论与法治发展研究中心”研究人员，法学博士。

标的区域实现有着至关重要的推动意义，最终导致留守教师情绪低落，给本科学生上课时无精打采。因为教师授课不够投入，学生学习不够用心，导致本科生学习效果较差，从事法律职业后只能现用现学，一切从头再来。地方高校法学本科教学质量的滑落与地方经济衰退是遥相呼应的，本科教学的改观最终要靠地方经济的复苏来促成，要靠增强地方高校法学管理中的民主因素来改变教师的工作环境，促使教师队伍的稳定和育人水平的提升，本科教学便会趋于良性状态。

关键词： 地方高校　法学本科教学　“双一流”建设　法学“金课”

改革开放四十多年，全国高等教育发展迅速，最为瞩目的便是法学学科，本科教育更是备受关注。伴随着这一发展过程，教育部对法学本科教育也在不断加以规范与管理，从核心课程统编教材的组织撰写，到马克思工程教材的推行等，再加上之前的几轮本科教学评估，卓越法律人才培养计划的实施，尤其是打造“金课”工程的全方位推行，对确保法学本科教学质量起了重要作用，对于今后的质量提升也提供了重要保证。于情于理，地方高校法学本科教学本该一路无忧，不过事情不如想象的这么简单。在“卓越法律人才培养计划”推行之初，笔者就曾探讨过该计划在地方高校实施中可能因“片面追求办学特色而低级化、拙劣化”，因“追求办学的实践取向”却“由于教课者理论素养”欠缺而出现“功利化”，更会因“生源质量不高”而存在着学习上的“被动性”，这些问题共同作用形成该计划有效实施的内在隐忧。[1] 与此同时，也会因学校"'运动式'本科教学改革"给该计划实施"带来冲击"，也会因"辅导员学习兴趣偏低而抑制本科学生全身心地投入学习"等交互作用而形成外在隐忧。[2] 应该说，上述担忧，会因为卓越计划的考核评估推进而在学院和学校的共同努力下有所克服，更会因"金课"工程的推行而加速好转。不过，随着"双一流"建设的展开，从教育部到地方教育主管部门重点投资建设"一流大学"或"一流学科"的全面进展，会使经济发展速度较慢地区的地方高校的法学学科面临着隐忧，由于本科教学涉及此类地区所有高校的法学院，又由于本科教育举足轻重，"金课"工程的推行也可能因地方院校固有的劣势而被进一步放大，因此本文聚焦本科教学，分析这种隐忧，相对于以往的隐忧这无疑是一种新隐忧，也是影响范围相对更广、更为持久的一种隐忧。

一、育人传统的长期缺位

法学本科教育既是一种学位教育，也是一种职业教育。职业教育决定了本科教学要理所应当地打上法律、法治的烙印，传授法律基本知识、培养法律思维方式、培育法律职业伦理。可是，地方高校法学院的建院历史都不算长，和各校建校史相比都算是新兴学院。抛开我国少数从清末开始建校的高校不论，大多数高校都创建于新中国成立初期，因而历时相对较长，而当今地方高校的法学院系设立或复建，则是20世纪80年代开始的事，即便

---

〔1〕 孙记:《卓越法律人才培养计划实施中的内在隐忧——以地方高校法学本科教学为主的分析》，载《黑龙江省政法管理干部学院学报》2015年第3期。

〔2〕 孙记:《论地方高校卓越法律人才本科培养计划实施中的外在隐忧》，载《吉林省教育学院学报（上旬）》2015年第8期。

到“1983年年底，全国已有南京大学、武汉大学、复旦大学、中山大学等31所综合大学恢复设立了法律系或法律专业”,[1] 地方高校的法学院系成立晚依然是不争的事实，因而在地方高校众多学科中，法学学科算不上传统优势学科。在“双一流”建设下，国家层面地方高校基本榜上无名，如果在地方层面也榜上无名，则会受到冷落。这样，基于地方高校在管理上实行的一级管理体制，学校职能部门对各教学单位——学院实施统一管理，通常由一个副校长主抓本科教学，有的甚至由校长亲自抓。就本科教学而言，它是一个学校人才教育的基础，因而被作为学校工作的重点，校长亲力亲为也是常事。校长主抓工作是好事，“金课”工程的全面展开更值得点赞，但是本科教学是一种培养人才的工作，人才的培养不应该追求千人一面，而是应该各有所长，因材施教。抛开具体个人的针对性培养是否可能不论，就本科教育而言，各学院的人才培养应该有自身的特点，像法学教育就应该有其自身的特点一样，培养知法懂法、知法守法、敢作敢当的法律人，实现成年而具有社会属性的社会人向法律人的转变，这一职业教育无疑具有自身的内在要求。在学校拟定发展规划的前提下，就应该给学院实施本科教学的自主权，按照法律人才培养的内在规律有序展开，按照法学学科知识的特点和职业人才培养的属性确定“金课”的精髓与科学性的评价标准。但是，学校严格的一级管理体制使学校学位教育、通识教育的推行畅通无阻，无论在日常教学内容，还是日常教学目标设定，都对职业教育考虑的较少，有的法学院又以严格执行学校规定为己任，甚至强调

〔1〕 曾宪义等主编:《律学与法学：中国法律教育与法律学术的传统及其现代发展》，中国人民大学出版社2012年版，第406页。

“法学院就应该是最讲法的地方”，言下之意：凡是学校在本科教学上的要求就是契合法学本科培养目标的；凡是学校关于本科教学的规定就应该要分毫不差地执行；凡是学校树立的“金课”示范标兵便要竭尽全力地参照模仿。

此情此景，随着“双一流”建设的进一步推进，法学院在学校学科发展的定位与排序中，可能会只降不升，会使法学院在学校的话语权减少，再加上某些地方高校学院老师被要求严格执行学院规定多于对教学的创新性探讨和对科研的执着追求。在这种情况下，法学本科教学会成为一个被管理单位，而不是更注重人才培养。当然不仅仅是法学学科自身，还包括其他未能进入“双一流”建设的学科。如果说“大学是传承人类文明、提升人类精神、守护人类尊严的地方，它的核心价值就是追求真知和真理”的话，[1] 那么地方高校的法学院就应该为地方法治建设“传承法治文明、提升公民精神、守护法律信仰与尊严”，要将学生毕业后为其所在地区传播和捍卫“公平和正义”作为核心追求，这是衡量“金课”的关键核心指标，也是地方高校法学本科法律职业教育服务于地域性法治建设的应有贡献。教授法律知识的一线教师都熟知，我国传统社会是以“义务为本位”，权力处于绝对的支配地位，它要求的是自下而上的层层服从，与现代法治社会要求的“权利本位”“制约权力”“平等与自由”格格不入，更与法治要求下个案中需要法官行使自由裁量权背道而驰，但有些人仍“缺少对精神价值的尊敬，从而也缺少对守护和创造了精神

---

〔1〕 眭依凡：《理性捍卫大学》，北京大学出版社2013年版，第12页。

价值的人的尊敬”。[1] 一旦地方高校法学院的本科教学仅以学校的学位教育对教学提出的要求为基准，一些老师不够重视职业教育的内在要求，认为守旧好于创新，更愿意平平静静地教书，认为学生不闹事、领导没意见就好，至于法律基本知识的传授，由统编教材予以编排，条理清晰，内容全面，法律概念表达明确，只要准确地讲出来即可，不被评为“金课”，至少不会被归入“水课”，长期积习形成传统，因循守旧便成了法学院授课教师的教学常态。就最起码的学习法律基本知识而言，某些地方高校学生享乐多于求知，被动接受知识多于思考吸收，沉迷智能手机多于课堂听讲。再加上有些法学院整体教学大环境墨守成规，只能是教者凭奉献、凭良知，听者凭兴趣、凭执着，“金课”导向的探索式教学和主动性的学习充满随意性、不确定性。

学校重视法学职业教育维度，重视法学院在教学上的自主性尚且不能在人才培养上形成一以贯之的传统，再加上“双一流”建设下的厚此薄彼，“金课”标准的一致性对于因课程不同而存在的特殊性，[2] 必然使缺乏办学传统的法学院本科教学更加迷失方向。有论者指出：“育人是大学的天职和本分，忽视和放弃了育人的大学就不再是大学。同样，具有什么样的天职和本分，就培养出什么样的人才。所以提出‘育人为本’的大学精神，不仅在于强调大学必须重视育人，而且强调用什么样的大学精神去营造育人环境及其影响育人之成效。”[3] 说到底，真正有传统的

---

〔1〕 周国平：《中国人缺少什么？——西方哲学接受史上两个案例之研究》，上海人民出版社 2017 年版，第 340 页。

〔2〕 因为在地方高校推行“金课”工程的过程中，一级管理体制之下全校统一标准易于操作。

〔3〕 眭依凡：《理性捍卫大学》，北京大学出版社 2013 年版，第 23 页。

法学院应该让每一个在法学院学习生活过的人，始终以法律人的形象和品格来衡量自己、塑造自己、规范自己：信仰法治、传播法治、捍卫法治。只有法学院的教师将授课看作是对法治的布道，学生将学习法律看作是在法律上的修行，才会凝聚法治精神，形成法学院应有的传统，才能使“金课”的内在要求变成法学院教学和日常运行的主旋律。这是在“双一流”建设的大背景下有担当的法律教育工作者应该设身处地思考并予以践履的问题。“金课”工程推进中师生互动要努力达致的状态，更是地方高校法学院领导应该考虑的问题，也是地方高校校长们应该深思的问题，即如何定位法学院，如何立足地区法律人才需要培育合格的本科法律人，如何在本科教学环节脚踏实地地工作，如何在日常的教学与管理中形成法学院的精神，形成符合法律人才培养规律的教学传统，如何真正体现法律人才培养规律的“金课”，这也是地方高校法学院振兴与发展的逻辑前提。

二、从教队伍的师心涣散

以往因某些地方高校存在“官本位”的现象，传统优势学院因其历史悠久而在学校校级和各职能部门有较多毕业生从事领导工作，在评职评优政策制定时，这些学校及各处领导可能会存在向其毕业学院做政策上倾斜的情况，甚至在全校的高水平人才推荐、荣誉称号授予、人才梯队的培养过程中，在投票环节稍显偏颇，因为法学院建院较晚，因而在校级、各职能部门任领导职位的毕业生便会相对较少，因此在评奖评优、评职晋级、“金课”认定中，无论在政策的制定上，还是在具体的评审过程中，均较处于劣势。在这种不利局面下，大部分法学院的领导学术能力强、事业心强，能够通过对外交流、对内整合形成一种热爱学术、潜心学术、贡献学术的良好氛围，并能一视同仁地为教师的学术成长搭建平台，力所能及地帮助老师克服事业发展中的困难，竭尽所能地创造有利条件促进教师个人的发展，全身心地推动法学院的整体发展，投入对法学“金课”标准的思考和调研之中，会将学校的不利因素相对地予以消解。可是，一旦法学院的领导陷入“官本位”下的官场逻辑，将贯彻学校的政策标榜为“讲法治”，主政中奉行一种只赢不输的“政治正确”，以校领导或者是校长、党总书记的满意为工作目标，针对教师对学校政策的异议也能以“恪守法治”为名而拒人于千里之外，无视学院、教师和学生的切身利益，没有很好地做到“穷则独善其身，达则兼济天下”。

在以往，这种情况尽管使法学院的青年教师事业发展受阻，但尚未达到无可忍受的程度。可是，“双一流”建设的全方位展开，“金课”工程推行中的刻板教条，使法学院的教师在面临留去问题时别无选择。一方面，因为地方高校法学院在所在学校今后布局中稍显势弱。如果说，以往地方高校法学院因建院晚、学校运行体制、学院缺乏传统等方面存在着这样或那样的不利因素，但这至少是一种潜藏于学校发展目标背后的隐形因素，尚不构成对法学院教师的公开歧视。可是，随着“双一流”建设紧锣密鼓地展开，“金课”工程的推进，学校、省级教育主管部门、教育部把资源优先配置给地方高校中的“重点学科”，将政策向这些学科倾斜，“金课”标准的确立会远离法学教育的固有规律和内在要求，会使法学学科“边缘化”，学科建设不再受到公平对待或适度倾斜，科研经费使用会被更加严格地控制，科研梯队的培育会被严格地审查，评职晋级名额少，“金课”评选可望而不可即。此时此刻，尽管靠法学院自身的努力可以在一定程度上克服困难，学院领导在“官本位”盛行的大背景下能否作为或作为多大都较难预期，这无疑会使很多教师在以往不利条件下面对未来的发展心灰意冷，使教师在本科教学中更多地选择“明哲保身”，至少不会“自找麻烦”而执着于“教法育人”，投身于“金课”的摸索中鞠躬尽瘁，在“边缘化”之后，任课教师较以往更加情绪低落，在任课中缺乏热情、在科研上缺乏动力、在前途判断上更加迷茫。另一方面，也正是因为“双一流”建设的全方位展开，尤其是即将启动的学位点申报工作，使地方高校法学教师的流动性加大。目前，经济发展潜力大、GDP增长水平高的“珠三角”“长三角”地区，因地方经济实力雄厚，再加上地方财政投入力度大，对“双一流”建设的重视，对即将启动的学位点申报志在必得，各高校乃至法学院均摩拳擦掌，纷纷开出雄厚的科研条件和物质条件从各地吸引年富力强的科研人才，纷纷组建或强化科研团队，设立硕士点或博士点乃至一级学科。同样都是从事法学教育、本科授课、研究生教学与科研等日常工作，当然是从“看不到希望”的地方高校离开，到各方面条件都好的法学院去挥洒汗水，对即将申报学位点的地方去一展才华，对科研资质好、成果多的青年教师无疑是好事，没有理由不随风而动。这一人才流动潮的出现，使一些地方高校法学院承受着巨大压力，使“双一流”建设、“金课”工程因学校乃至上级的投入减少而造成的劣势成数倍地放大，使原本缺乏生气的本科教学队伍更加人心涣散，师资流失便一发而不可收。其中的原因在于，年轻而有创造力并且科研潜力大的教师在评职评优、人才称号申报中因学校政策、人为因素而屡受挫折，正是因为年轻而不想虚度年华，因而必然要进行挣扎，面对更好的机会必然要紧紧抓住。而这些科研业绩较为突出的年轻人，恰恰是本科教学的主要担当者，“金课”工程推进中的践行者，无论从精力上还是视野上，他们都正处于人生的最好时期，本科生授课课程质量的提升，新视野的开拓，新的教学方法的引入，教学内容的大幅度更新，“金课”要求含金量的增多等，均非他们莫属。他们的调离，使本来“边缘化”的法学院更加复兴无望，科研不好的教师便会随之思索自己的安生之道。

这样，原来兼职做律师的教师便会更加心无旁骛地做兼职，以往有条件而未能做兼职的教师也会在权衡后选择开始做兼职，而以往恰恰因为这些老师代理案件，能够以自己亲身体验丰富课堂的内容，将书本内容讲得更加通俗易懂，因而总是受到学生的欢迎与好评，这本是好事，对教师本人亦是好事，通过对案件的代理，得到的代理费比上课获得的收入要高出不少，可谓授课与赚钱两不误，如果学校人为地抬高本科教学地位，将学生对教师的授课评价作为绩效考核的重要权重，将学生的课堂兴趣作为“金课”达标与否的重要判准，并且以此作为评奖评优、评职晋级、认定“金课”的必备项，从事兼职的老师会比从事科研而不招学生喜欢的教师更早地评职晋级、获得各种荣誉、轻松拥抱“金课”。但是，作为法律职业培养一环的单个学科仅凭讲几个现实中的案例来阐述一门学科的精神、原理、原则、制度是远远不够的，特别是我国具有源远流长的成文法传统，法律适用要按照一定的概念、原则、规则的顺序排列，司法裁判需要寻找其中贴切的规范作为逻辑推理的大前提，而将案件事实作为小前提，进而得出判决结论。在司法实践中，这也是常用的裁判方法。特别是，我国当下法治现代化正处于攻坚克难的关键时期，有时候因立法技术问题，概念、原则、规范未必系统、严密，甚至有的部门法中基本原则、规则之间还存在着较不协调之处，乃至在法律上处于空白状态，但是法官又不能拒绝裁判，这就需要法官在熟练掌握该部门法基本精神的基础上，灵活运用法律原则，以便在裁判时以之为根据进行判决。无论是从我国转型时期立法需要不断与时俱进，还是从既有立法技术看，都需要每一门部门法的讲授要在对法条准确解读的同时，还要传播该部门法的基本精神、应然理念、基本原则和对应的制度。做不到这一点，仅仅立足现实基础上“以案说法”不足以将该部门法的知识传授到位。这就需要教师在立足科研的基础上，深入浅出地讲授该部门法的实然基础上，适度兼顾应然，将该部门法的精神与原则贯穿于基本知识的传授中，让学生在理解后熟练掌握，这就需要授课教师在熟悉我国现行法的基础上兼及大陆法系与英美法系的知识，并且在适当的概念、制度讲授中适度穿插域外对应的内容，适度拓宽学生的知识面与理论视野。在科研投入多的教师向经济发达地区法学院调离的前提下，其实由这些有实践经验者勇担重任，对教师本人是好事，对学校也是好事，对学生更是好事。但是从这些地方高校法学院师资构成来看，早期毕业生留校从教的，如果不攻读博士学位，一般阅读量较小，因身陷实务故不会有足够的时间和精力从事阅读，对所授学科的两大法系知识不够精通。如果读了博士，在科研上会有一定投入与产出，可能最终也要加入到调离岗位者的行列之中，因为经济发达地区不仅科研条件优厚，兼职从事司法实务也会有更大的空间。因外来博士一般受过多年的学术训练，会有更高的科研热情，成果也会较多，再加上校友、同学、同行传递信息，辅之以“官本位”之下地方高校可能存在的排外现象、“金课”工程推进中的刻板教条造成其心理失衡乃至对现状不满，选择调离更是十之八九。

剩下的便是科研投入较少、产量较少的教师，因为诸多因素，其以往也未兼职从事司法实务，现也无法立即投身司法实务，这些教师在面对“双一流”建设大潮、“金课”工程的推进时，调离没资本、兼职从事实务没准备、追求“金课”效果无空间，只能耐得住寂寞，较为安于现状，以平常心对待本科教学，不被领导“抓住小辫子”就行、不被学生告状就行、教学不被认定成“水课”就行。地方高校法学院应随着“双一流”建设推进的大潮，“金课”工程的推进，抓住机遇在本科教学上锐意进取，开拓教法育人的新篇章，但现实却是残酷的，因重点投资建设“某一或某些学科”，“金课”评价中生搬硬套，最终造成去者义无反顾，留者无精打采，法学院最终弥漫着衰败感。

三、习法效果的从头再来

我国古人追求知行统一，强调学以致用，地方高校法学本科教育最终目的无疑也是学以致用，期待法科学生毕业后以所学的法律知识、法律技能在法律职业伦理的关照下通过自身的职业行为为社会输送公平和正义。这是本科毕业生经过法律学科和法律专业的学习，最起码应该具有基本的专业素质。可是，这一培养效果却不够理想，因前述教学环节育人传统的缺失，再加上一线科研潜质较好的青年教师随着“双一流”建设大潮被东南沿海发达地区的高校作为人才引进而流出一般地方高校，最终使甘于现状者无心提升教学，兼职者无时间投入教学，教授的法学本科专业知识形不成系统或体系，对学科法部门的基本精神、基本原则及对应制度不能做到通俗易懂地传授，最后教给学生的是现行法的法律条文，“金课”工程的推进也成为主管校、院两级领导的自说自话。这本无可厚非，毕竟本科教学应该以讲授现行法基本知识为主，但问题是我国社会正处于由传统到现代的全面转型之中，法律发展正处于现代化的关键时期，它的立改废相对频繁，高层的立法目的不可能在统编教材中写得淋漓尽致，而且教材的修订速度再快，有时候也难以跟上司法解释的步伐，司法解释出台了，教科书还没来得及修订，这时候讲不讲该内容便成了因教者而异的事，成了关注学科信息者与不关注学科信息者间差异悬殊的事，应然性的学科法部门精神、原则及对应制度也会因不同教者的理解不同而涉猎有深有浅，抽象的精神、原理在教科书不写的前提下讲起来注定比案例枯燥、乏味，再加上地方高校在本科教学评估中学生评教权重的强化，“金课”认定标准存在不足，会使老师“能少讲就少讲，学生怎么高兴怎么讲”，以最拿手的方式讲授专业课便成了任课者的明智选择，兼职者讲授实践案例更会使听者喜欢、自己省力，甘于现状者讲授多年来最熟悉的知识会更得心应手，因而应然性原理的渗透便无人问津，“金课”的摸索成为只说不练的口号。这在教学环节就形成一个死结。讲授应然的法律原理是今后学生毕业进行法律思考的重要前提，是体现“金课”追求与否的关键，这要求讲授应然知识的同时还要培养学生的法治思维方式，要求学生不能“只是对基本概念和规范机械记忆，而是了解法律规范背后的理念并形成自觉的思考方式，以此指导行为活动”；[1] 与此同时，还应该通过日常的本科教学与对学生的管理，在专业必修课、专业选修课、通识选修课的讲授中，渗透法律人应有的价值观、职业观，塑造学生的职业伦理，职业伦理培育“应该成为法律职业教育的灵魂”，[2] 成为“金课”追求的最高境界，应该在法学院本科教学中予以重点把握，但现在地方高校法学院，这一维度的教育谈及较少，愿在今后法学院的振兴与复苏中更为重视这一维度的教育，在法学本科教学定位、“金课”认定中予以必要的考虑。

从学生方面看，本科教学成效同样不容乐观，恰如以往笔者所分析的那样，因为全国范围内在基础教育阶段没完没了的补课，学生日夜身陷无边无际的题海，使地方高校的法学本科生入学后的学习情绪多为被动、厌学。再加上手机智能化时代的到来，寝室、食堂、课堂全神贯注地刷屏，全部时间陶醉于阅读网络小说、网上购物、微信聊天，课堂上“你讲你的，我玩我的”，不出教室就可以网上订餐，甚至有的因沉溺于手机上网而耽误了正常的夜晚睡眠，早晨起不来床便不去上课，老师讲什么、讲好讲坏他们已经无暇顾及。至于课前预习、课堂听讲、课后巩固则是少数人的行为，课外阅读的可能性微乎其微，因而一旦课堂不讲，课后自学的可能性就不大，课堂讲了真正消化吸收的可能性也不大，而设身处地消化课堂教师所讲内容的可能性更不大，因而学生通过日常教学中教学相长，学好专业

〔1〕 吴汉东主编：《卓越法律人才培养探索》，中国法制出版社2014年版，第13页。

〔2〕 李本森主编：《法律职业伦理》（第2版），北京大学出版社2008年版，第297页。

知识的可能性不大。

不幸中的万幸是，科研潜质好的人才流出之地，恰恰是地方经济发展较缓慢之地，也是法律人才引入率不高之地，因为既往985、211高校法学毕业生能到经济发达地区就业，就没有必要非得留在经济不景气地区就业，而这些经济发展不景气地区985高校的法学毕业生去经济发达之地就业不是难事，因而也多会选择离开学校所在地区去就业，这样在这些经济不景气地区就业的恰恰就是这些地方高校法学毕业生，尽管这些地方高校的法学本科教学存在诸多隐忧，影响本科人才培养质量，但是他们毕竟是专业出身，而且也接受了正规教育，并且由“法律职业处于法治的核心”所决定，[1] 地方只要进行法治建设就需要法律从业人员，因此地方高校的法学本科毕业生除继续深造外，也会因有单位需求而从事法律职业，并且不会有太多的障碍。因为社会培训机构多年来已经积累了丰富的办学经验，能够将以往的应试教育巧妙地延伸至大学毕业后的研究生入学考试、司法考试、公务员考试，尽管地方高校的法学本科毕业生课堂学习收效小，但社会考试培训机构会助推这些学生顺利通过考试，同样因地区性法治建设需要而最终进入法律职业的行列，可谓殊途同归。这时，因工作需要，有目的地学，在执法中学，在年长同事处学，迟早会补完本科学习中所欠下的法律知识，再加上年长者的言传身教，也会逐渐掌握法律职业技能。但是就职业伦理养成而言，则会因人而异，要看个人对世事、对人性、对人情世故的体认，有的经过社会风雨考验，在工作中摸爬滚打，也会走向成熟，“君子有所

---

[1] [美]布雷恩·Z. 塔玛纳哈：《论法治——历史、政治和理论》，李桂林译，武汉大学出版社2010年版，第76页。

为有所不为”，假以时日也会成为优秀的从业者，迸发出实践智慧。对此，田成有教授针对审判工作指出：“法官，不是工匠，不是机械手，而是体现政治智慧、法律智慧和哲学智慧的文化人，每一次审判都倾注了法官的人文热情，寄托着法官的人文思想。法官审判案件，不光是一种工作和实践，更应是一种人文现象。法官办案要具有超越法条之外的人文素养。”[1] 但是，这些素养的养成，不是法学本科教学的效果，不是“金课”工程推行的结果，与其说是就业单位入职和平时规训的结果，毋宁说是社会这所大学熏陶、塑造的结果。成才者，可谓大器晚成，实乃可喜可贺之事。但并不是每一个经过社会考试培训机构的培训通过考试而入职的人，都能拨云见日塑造出符合现代法律人要求的职业伦理，熟练掌握职业技能，特别是没有职业伦理支撑的法律参与者，当复杂的法律问题面前，在众多的社会诱惑面前，当复杂利益关系缠绕在裁判对象上时，能否把握好自己，则可能要靠运气，也许有的能审时度势地促进公平正义，也有的人会迷失方向最终误入歧途，害人害己，不仅浪费了宝贵的教育资源、法律资源，而且还会使自己的发展前途中断，妨碍国家和社会的发展。

侥幸最终也只能是更深层面、更大范围的不幸，随着“双一流”建设的展开，地方高校法学院本科教学固有的不足会有新的体现，最终使本科教学成效甚微，这里培养的学生因社会需要也能够就业并且名正言顺地从事法律职业，如果不能因生活工作的磨炼而塑造出契合现代法律职业需要的伦理，有可能对法治建设

---

〔1〕 田成有：《法官的信仰：一切为了法治》，中国法制出版社 2015 年版，第 158 页。

造成障碍。所在地区经济发展势头的式微，不仅不能通过执法为经济发展创造优良环境，反而会妨碍经济的复苏与振兴，这是应该引起各界警醒的问题。抛开这一点不论，那些通过后天锤炼而成长的法律人，通过从业的资源、工作机会来逐渐成就事业的个人，延缓了服务地方法治建设的时间，因这一时间的延长，再加上当地经济发展的态势较缓，最终可能与地方高校法学教育一起，遥相呼应、互相作用造成地区经济、人文环境、高等教育发展的地区不平衡。经济发展不平衡因有GDP指标而一目了然，法学学科队伍流动在经济发达地区、法学学科排名会有明显的体现，特别是人才向重视法学教育、重视法学学科建设的地区流动，精英团队的形成，能够加快法学研究的升级换代，能够提升法学研究成果的质量，并且因所在地区的区域优势，也可能立即转化为实践效果，这也会在人才流入地的“双一流”建设获得成效，法学教师流入地区在法治指数评估中排名“勇往直前”，最终会衬托出法学教育地区间发展的不平衡。

如果说经济振兴寄托于当地教育提供人才支持的话，那么法律人才培养会因经济发展不景气而有所衰退，经济振兴受到的关注率要比法学本科教育复苏高，也恰恰是在全国特别是高层在关注地域经济发展不平衡并采取有效措施的前提下，经济会较快走向复苏，伴随着经济振兴中对“营商环境”的重视，地方法治建设和法学教育也会在地方高校“双一流”建设大潮的失落中被重视，法学本科教育才会走出低谷，创造辉煌。经济振兴内在要求的营商环境改造，也会对地方上乃至地方高校的“官本位”产生冲击，随之改变并逐渐淡化，民主因素会在地方高校的管理、运行中加大比重，高校治理民主化的推进中从事科研的教师也将受到尊重，高校法学本科的育人环境最终也会彻底改变，法学会真正随着“双一流”建设的推进、“金课”工程的推进而彻底正向发展。

以模拟法庭课程建设为中心的法学实践教育研究

◎颜　勇*

摘　要：《法学本科专业教学质量国家标准》的出台和卓越法治人才教育培养计划2.0版本的启动，标志着我国法学实践教育进入改革深水区。然而，从社会需求视角审查我国当前的法学实践教育，其存在教学观念固化、教师队伍缺乏实践性人才、教材欠缺典型性和系统性、课程体系设置不规范、课程考核方式不合理等诸多问题。模拟法庭作为我国法学实践教学的中心，亟须实现转变教师教学观念、改革教师评价体系、开展实践教学能力提升培训、鼓励高校建立双向交流机制、编撰优质实践教材、提高法学实践课程学分比例、构建复合型人才培养机制、构建科学型课程考核方式等几个方面

* 颜勇，1976年生，男，教授，四川农业大学法学院副院长，硕士研究生导师，研究方向：法理学、农村法治。

的革新，主动培育出适应法治国家、法治政府、法治社会建设要求的新型法律人才。

关键词： 法学实践教育　模拟法庭　法学教育改革

近年来，中国法治建设快速推进，法律在社会中的重要性得到各界的关注。与之相应，学习法律的学生越来越多，法学成为一门显学。但是，由于法学高校招生规模不断扩张，而传统法学教学体系、课程设置、考核方式等较为僵化，法学学生的培养呈现同质化的趋势，和社会的需求也呈现脱节的情形，法学本科教育的质量亟待提升。根据麦可思研究院发布的2009—2018年中国大学生就业报告，法学专业已连续数年是就业率垫底专业之一，这折射出严重的法律人才培养与社会现实需求不协调现象。当前，我国法学教育正处于质量提升、改革攻坚的关键时期和全面提高人才培养能力、建设高等教育强国的关键阶段。为顺应和满足我国对高质量法律人才的迫切需求，教育部发布了《法学本科专业教学质量国家标准》，其对创新法治人才培养机制、深化法学类专业教学改革提出了新要求。

中国的传统教学方式乃是“师者，传道授业解惑也”，演变至今成为充满教条化、概念化色彩的“理论教育”“应试教育”。与之一致，早期的法学教育也是着重于传授法律理论知识而缺乏对法律运用能力和实践操作能力的培养。面临法学教育的现状与困境，中国法学界开始了漫长的实践教学探索路程。2000年，经过美国福特基金会的帮助，我国7所法律高校成功开展了法律诊所教育[1]。2002年，中国法学教育研究会诊所教育专业委员会

〔1〕 苏力：《当代中国法学教育的挑战与机遇》，载《法学》2006年第2期。

成立，并援助多所高校设置法律诊所教育。2011年，教育部、中央政法委联合颁布了《关于实施卓越法律人才教育培养计划的若干意见》，明确要求加强法学实践教学环节与提高法律人才综合素质。在法学实践教学的热潮中，各大高校涌现出了模拟法庭、法律诊所、法律援助等一系列新方式，还有一部分高校与法院、检察院、律师事务所、行政执法机构等法律实务部门建立了校外教学实训基地。历经多年，实践课程在法律院校中实现了从无到有，实践教育在法学教育中的地位也稳步提升。但需要指出的是，当前的法学实践教育仍然存在明显弊端，积极探索实践教学的方式方法，深化法学实践教育改革势在必行。

一、模拟法庭课程在法学实践教育中的地位

模拟法庭是指以某个案例为基础素材，组织学生在民事模拟诉讼审判中扮演审判员、原告、被告、诉讼代理人、证人及法警等人物，在刑事模拟诉讼审判中扮演审判员、公诉人、被告人、辩护人、证人及法警等人物，要求学生书写司法文书、开展诉讼流程、进行法庭辩护，还原真实庭审情景的教学活动。在开展模拟法庭的过程中，学生须对零碎的案例材料进行分析、筛选、归纳、总结，形成案件事实陈述，再进一步完成总结案件要点、查找法律规范、形成辩护意见、正式开庭审理等步骤。模拟法庭结束后，教师须对学生的法庭表现及司法文书制作等进行指点评价，学生须向教师提交模拟法庭实验报告。

模拟法庭教学内容高度囊括了实体法知识和程序法知识，是法学理论与实践展示和提升的重要形式和场域。模拟法庭实践教学实现了对刑法、民法、行政法、诉讼法、法律逻辑、司法文书

写作等相关学科的糅合和统一，促进了学生将所学知识体系化与统一化。教师通过模拟法庭实践教学将静态的、刻板的法律条文转换为鲜活的、具体的庭审活动呈现给学生，能够有效训练学生的法庭辩论技巧、逻辑思维能力、知识运用能力。模拟法庭作为理论教育与实践教育的联结点，有利于启发学生进行独立思考和创造思考，从而达到理论体系与社会实践的结合与统一。

模拟法庭实践教学在国内外都实现了广泛运用。美国大学法学院的课程设置注重培养学生能力，约六分之一的课程是有关律师职业技能或实务性法律教育的课程[1]。与之相比，尽管我国开展了法学实践教学的探索和改革，然而在形形色色的实践教学方式中起到实际作用的却不多。当前我国各大高校开设的法学实践课程，实际上充数的主要是社会调查、毕业实习、毕业论文等原本的课程，真正可以定义为创新型实践课程的是法律诊所、法律援助、模拟法庭、司法文书写作等课程。然而，囿于教学模式、师资力量、学校条件等，各大高校基本上都选择开设模拟法庭课程，这也决定了模拟法庭在法学实践教育中至关重要的地位。与其他法学实践课程相比，模拟法庭具有高校覆盖面广、课程典型性强、法律知识综合性高的显著优点。因此，必须加大模拟法庭改革力度，提高法治人才培养质量，切实改善法治人才供需不平衡的现状。

二、模拟法庭课程在法学实践教育中存在的问题

单从模拟法庭的角度来看，现今的实践性法学教育仍旧存在

〔1〕 翟业虎：《关于规范我国高校模拟法庭教学的思考》，载《高等教育研究》2015 年第 9 期。

问题。2019年，有学者将以模拟法庭为基础的翻转课堂作为研究对象，在对本校的调查中发现，大部分学生已经参与到模拟法庭实践中并且认为其是理论与实践相结合的较好途径。但是，过于注重诉讼程序而忽略实体法律、表演性太强、缺乏真实案例等一系列细节问题也逐渐暴露出来〔1〕。模拟法庭是实践性法学教育的一次勇敢尝试，然而从上述问题能看出，仍需进行不断努力才能发挥出模拟法庭的真实效用。

（一）教学观念固化

目前，大陆法系国家主要采用以输送法律知识与提升国民法律素养为核心的通识教育，英美法系国家采用以技能训练为核心的职业教育〔2〕。学界一再探讨却从未形成定论的是我国法学教育究竟属于通识教育还是职业教育，因为通识教育和职业教育拥有截然不同的教育模式和教育内容〔3〕。无论是以前教育部关于法学专业16门核心课程的规定还是当前法学类教学质量国家标准“10+X”的规定，专业核心课程无一例外都是理论课程。这一规定也必然会对各高校法学专业在课程设置、师资配备、经费投入上产生重大影响。

毋庸置疑，法学作为一门生活的、语言的、实践的学科，具有很强的应用性和实践性，仅靠书本习得的纯理论知识必然难以应对复杂多变的社会现实。囿于传统教学理念的根深蒂固，法学教师的关注点主要停留在阐释概念、解读条文、部门法探讨等理

---

〔1〕 杨娜：《“基础课翻转课堂教学实效性研究”调查报告——以模拟法庭为例》，载《高教学刊》2019年第2期。

〔2〕 翟业虎：《关于规范我国高校模拟法庭教学的思考》，载《高等教育研究》2015年第9期。

〔3〕 王晨光：《法学教育的宗旨——兼论案例教学模式和实践性法律教学模式在法学教育中的地位、作用和关系》，载《法制与社会发展》2002年第6期。

论性知识，而忽视了对学生的分析解读能力、论证推理能力的培养。需要指出的是，法学教育在法治国家建设进程中发挥着重要的基础性作用，而高校法学教育关注焦点在于为法律实践部门提供法律人才，却未对当前法学教育理论与司法实务的脱节、法治人才供应与社会需求的脱节等情形作出反思。法学教育发展长期奉行需求侧改革的结果，便是法学教育的过度扩张，脱离了国家和社会的实际需求，导致法治人才的供需失衡[1]。目前看来，尽管我国高校已然逐步认识到实践教学的不可或缺，但模拟法庭课程的地位仍旧是岌岌可危的。

（二）教师队伍缺乏实践性人才

随着实践性法学教育的逐步深入，缺乏具有实践经验的法学教师已成为大部分高校的硬伤。现今的教师队伍主要是毕业后立即教书育人或身处高校年岁已久、法律社会实践经验为零的纯粹高校教师。尽管一些教师有从事实务的想法，但受制于学校的教师考核标准主要在于科研和教学方面，而没有付诸行动。一部分教师限于学校考核的压力，法律实践能力逐渐下降以至于脱节，更谈不上丰富的法律职业经验。因此，如何能够要求自身都缺乏实践经验的法学教师传授学生实践知识。长此以往，实践性教师的缺乏必会影响法律人才的质量水平，突出法学教育方式与社会实际需求不匹配的尖锐矛盾。

为解决教师队伍缺乏实践人才的现实困境，我国进行了一系列的探索与改革。2011 年，教育部、中央政法委联合发布了《关于实施卓越法律人才教育培养计划的若干意见》，要求加强高校

---

〔1〕 廖永安、段明：《中国法学教育的供给侧改革》，载《湖南社会科学》2017 年第 4 期。

与司法实务部门的合作，加强培养方式、课程体系的协同设计，探索形成常态化、规范化的卓越法律人才培养机制。2013年，中国政府正式启动“双千计划”，实施了法学高等学校和法律实务部门之间的互聘制度，对改革法学教育方式和推进法治实践进程产生了积极影响。虽然这类措施带来的成就有目共睹，但由于参与高校教学的司法实务人员其自身工作的繁重，且高校对校内教师和校外参与人员的态度不一致，还有教学规范、管理规范、师资资格等其他担忧，使得这类措施的实施范围过窄，未改变大部分高校的现实困境。

（三）教材欠缺典型性和系统性

法学教材建设是法学教育的基础建设，教材水平的高低与法律人才培养质量的优劣有直接联系。教材作为教师推进工作的具体准则和学生领会知识的主要途径，其重要性不证自明。目前，法学理论教学一般选定国家级、省部级推荐的优秀教材和国家级规划教材或者业界公认的名师之作，而模拟法庭课程等实践教学却缺乏系统性、典型性、权威性的教材。这反映了法学教育界的专家学者对模拟法庭课程建设研究的不足，也反映了该课程在法学教育体系中的尴尬地位。由于没有公认教材和教学规范，一些学校往往采取自编教材的方式应付该课程，且教材内容多局限于程序法范畴。碎片化的教学内容导致模拟法庭对学生的理解分析能力、逻辑思维能力和司法文书写作能力的培养仍显不足，无法实现模拟法庭的价值最大化。因此，如何在现今的模拟法庭教学活动基础上优化教材内容，找准系统化、层次化的教材定位，才是亟须思考的重大问题。

（四）课程体系设置不规范

现阶段，大部分高校将实践教学与理论教学定位为从属关系，虽然有一定的现实意义，但缺乏独立性和系统性的教学安排，制约了模拟法庭应有价值功能的发挥。模拟法庭课程体系的认识不清与定位不明，导致整个实践性法学教育处于不上不下的尴尬处境。截至目前，在教育部统一要求开设法学专业实践教学的标准下，各大高校实现了模拟法庭实践教学的基础化和普遍化。但表面功夫的背后却隐藏了不少问题：一是模拟法庭课程设置呈现性质定位不清现象，甚至有与诉讼法同课现象。二是实践教学所占学分比例低下，导致模拟法庭课程在内容不清、课时不明的情况下模糊前进。三是实践教学课程模块单一，缺乏创新性与多元性，难以满足当代社会对高水平复合型法律人才的需求。比如，当前爱尔兰法学院施行复合型法学学位机制，包括法律与法语、法律与德语、法律与商业、法律与政治科学四个学位，实现了灵活多变的跨专业高水平法律人才培养〔1〕。上述因素共同导致了实践教育的形式化，对全面提高法科学生综合素养、实现理论教育与实践教育均衡发展未起到实质性效果。

（五）课程考核方式同质化

伴随着从理论教育转向实践教育的改革进入深水区，法学界慢慢意识到仅改革教学模式而不改革考核方式是没有价值的。由于学校教育的规范化要求，实践课程考核往往和理论课程的考核一致，尽管这是基于教育管理和降低随意性的需要，但这也同时导致了实践课程的考核和理论课程的考核同质化。如果只是注重结果考核却不注重过程考核，必然会带来诸多问题。一方面，学生缺少平时点滴的积累，依靠考前两周的突击复习，便可轻而易

〔1〕 高海：《爱尔兰法学本科课程设置及其启示》，载《中国大学教学》2015 年第 9 期。

举地通过考试。而那些平日坚持不懈的学生不占半点优势，这就从某种程度上助长了态度不端的学习之风。另一方面，结果考核侧重于考察理论知识的掌握情况，无法考察实践知识的掌握情况，致使教师无法从考核成绩之中获得教学反馈，便也无法改进教学方法与提升教学质量。

为了改变这种现状，各大高校尝试将过程考核引入原本的结果考核，通常采用的方法是平时成绩占小比例，期末成绩占大比例。此外还产生了多元化的考核方式，譬如采用口试、论文等新方法作为结课方式。然而，即使增加了对学习过程的关注度，却仍未改变主要重视期末成绩的传统局面。尤其是在模拟法庭、法律诊所等实践课程中，若是采用期末考试根本难以反映出学生的实践能力高低，这与设置模拟法庭实践教学的目的南辕北辙。

三、模拟法庭课程的改革和完善

（一）转变教学观念，明确模拟法庭课程的核心必修课地位

如前文所述，教育部规定的核心必修课程无一例外都是理论课程，笔者认为，提高对法学实践教学的重视，可以从模拟法庭课程开始。可以明确模拟法庭课程的核心必修课地位，使各校法学专业逐步转变教学观念、重视实践、投入资源。解决当前法学教育供给侧和需求侧平衡问题，首先就要坚持以社会需求为导向，实行供给侧改革，切实提高供给侧法律人才质量。而提高供给侧法律人才质量的核心在于转变传统的教学观念，实现法律理论与社会实践的有效衔接，将培养具有综合素养的法律人才作为今后法学教育的最终目标。转变传统教学观念，明确模拟法庭课程的核心地位，模拟法庭课程不仅是理论教学成果的展示和检

验，而且是理论教学成果的运用和升华。模拟法庭课程建设应该包括以下几个方面：

注重提高学生的法律运用能力。学习法律的目的在于利用法律处理生活中的各式纠纷，掌握选择正确的法律处理事实纠纷的方法，学会如何有效保护当事人的合法权益。法学生必须经过反复的实践练习，才能使逻辑思维能力与分析问题能力得到有效提升。在模拟法庭教学中，教师可以稍微放松诉讼流程而有意识地引导学生运用法律理论功底和法律职业思维分析案件，做到理论知识与实践知识的联系与沟通。

注重加强学生的程序运作能力。法律正义分为实体正义和程序正义。程序正义是指法律为解决纠纷提供程序规则，同时保证解决纠纷过程的公正性。实体正义的实现依赖于程序正义，注重程序正义已经是现代法治国家的一大标志。模拟法庭高度还原了真实法庭环境，实现了诉讼流程精细化，力图提升法学生的程序意识能力和程序运作能力。

注重培养学生的证据使用能力。法学领域有一句话叫作，“证据是诉讼的灵魂”，在法学教育中，一方面须在法律课堂上传授学生基础证据理论，另一方面须从模拟法庭教学中传授学生如何围绕案件焦点举证质证，如何利用证据抓住案件矛盾，如何从证据方面反败为胜。模拟法庭的关键就在于培养学生根据证据进行事实认定和责任判断的能力。

注重训练学生的法庭辩护能力。法庭辩护是一种实践性和专业性很强的诉讼活动，同时对语言能力有一定的要求。开庭前律师应该着力撰写提问提纲，完成前期准备工作。庭审时律师应注意发言具备法定性、针对性、论辩性，不得对当时人采取诱导提问等细节问题。一个案件胜负的关键即在于律师能否发挥良好的辩护水平、能否通过辩护驳倒对方。这种高水平辩护能力和临场应变能力正是现今的法律人才所匮乏的能力，亟须通过法学实践教育改革来提升学生的综合能力。

注重强化学生的法律文书写作能力。任何法律活动皆建立在法律文书的基础上进行，因此，撰写法律文书乃是每一位法律职业人的必修功课。一篇优秀的法律文书必须兼顾格式、辩护意见、法律论证等各个方面，这是一件看似简单而实际操作容易出现错误的事项。现阶段的法学实践教育必须着力打磨学生的司法文书写作能力，保证标点符号、法律名词、逻辑论证、格式内容等各个细节面面俱到。

注意提升学生的法律职业素养。法律职业素养即法律实务工作人员在其法律工作中应遵循的行为准则。法律职业素养涉及法官、检察官、律师等人员所需遵守的道德规范，是法律和道德在职业领域的融会贯通。目前，基本上各大高校都已经开设了法律职业道德课程。通过模拟法庭课程的实践教学活动，可以将法律职业道德与司法实践结合起来，将外在的行为规范内化为自身的道德素养，引导学生树立正确的职业道德意识。

（二）教师队伍的改革

改革教师评价体系。加强高校教师考核评价机制改革，根据不同岗位教师的不同职责特点，实行教师分类评价办法。改变以往重视学术论文、课题项目的评价标准，加强对教师育人能力和实践能力的评价考核。把教学质量和科研成绩作为同等重要的考核依据，对于实践教学成绩优秀的教师给予较高评价。法学教师不仅应当具备深厚的理论知识，还应当具备丰富的法治实践经验。改革法学教师考核方式，有利于提高教师进行法律社会实践的积极性，更有利于打造一支理论能力与实践水平兼备的师资队伍。

开展实践教学能力提升培训。一方面，有必要建设全国性或者区域性的法学专业教师培训基地，组织开展法学实务研修班，推动高校教师实务知识跟上理论知识，切实提高教师教书育人水平。实务研修班主要包括邀请实践经验丰富的司法实务人才进行专题讲授，与组织教师深入法院、检察院、律所等机构进行实践能力培训等课程内容。另一方面，各大高校应定期组织承担实践课程教学的教师深入法院、检察院、律所等司法实务部门进行实践学习，鼓励和支持法学教师担任兼职律师承办法律案件，扩大教师与真实法律社会的接触面，有效提升教师专业能力和综合素质。

通过制度化的机制，鼓励高校建立双向交流机制。目前的制度只是鼓励并无具体规定，这往往需要高校和实务部门自行协商，成本较大，约束机制也较为缺乏。笔者认为，可以出台利益保障机制，规定参加双向交流的人员待遇、交流期间的工作任务、双方单位的责任等具体内容，有利于各单位遵照执行，对接双方需求。调遣律师、法官、检察官等司法实务工作者到高校担任实践课程教学，调遣高校教师到律所、法院、检察院等司法实务部门挂职锻炼，将互聘制度变为工作机制里的一个必要环节，有效整合校内资源和校外资源，达到齐心协力、通力合作的共赢局面。一方面，律师、法官、检察官等实务工作人员能够胜任模拟法庭、法律诊所、法律文书写作等实践课程，运用客观真实案例引导学生进行案件分析和纠纷解决。另一方面，高校教师到律所、法院等法律实务部门挂职锻炼可以实现高校教师法律实务能力的提升，同时高校教师也可以利用理论知识与法官、律师等实务工作人员进行深层交流，把学术研究从较为封闭的高校带到法治实践一线。双向交流机制是引领法学教育走向高校与法治实践部门的合作培养方式，成功实现了法学教育与法律职业的连接和互动。

（三）法学教材体系的革新

借鉴规划教材编写和出版的方式，统一编撰优质模拟法庭课程实践教材，改变模拟法庭课程教材千差万别的现状。构建编著理论与实践相结合的优质教材的机制，明确由国家统一组织专业造诣高、教学经验丰富的名师名家撰写，笔者认为可以选用最高人民法院发布的公报案例作为蓝本进行编撰，实现模拟法庭课程教材的优化提升。除此之外，应鼓励和支持具备丰富职业经验的实务工作人员参与教材编著工作，联合设计实践教学课程体系，细化立案程序、诉讼程序、文书写作、法庭辩护等具体事项，提高教学计划的系统性与整合性。编撰配套于模拟法庭实践教学的课程教材，有利于帮助学生构建形成体系化与层次化的司法实务能力与法律知识结构，有利于弥补理论教学的缺陷达致实践教学的价值最大化。加强教材体系研究能够实现理论教材体系向综合性教材体系的迈进，在此基础上深化实践法学教育教材的科学性、针对性、系统性。

（四）课程体系设置的变更

优化实践课程体系设置，适当提高法学实践课程学分比例，尤其是模拟法庭课程学分。其他的法律诊所、法律文书、案例分析课程、律师实务训练课程、法律辩论课程等可以根据法学院具体情况决定是否开设以及学分的设定。明确法学实践教育的重要地位，提高法学专业模拟法庭课程学分比例，制定该课程的人才培养方案、教学计划、教学大纲等配套规定，增强教师和学生对模拟法庭课程的重视度。

此外，随着我国经济、政治、文化、生态等的不断进步和发展，社会纠纷呈现复杂化和多元化态势，从前单一的法律知识结构越来越难以满足法治国家、法治政府、法治社会建设新要求。现如今，法律服务市场涉及生活的各行各业，法律从业人员除必修的法律知识以外还须拓展自身的知识范围，培养自身做一个全面发展的法律人。鼓励各大高校实施主辅修制度，实现主修法律专业和辅修经济、农业、环境等社会相关学科的同时进行，创新复合型法律人才培养机制，培养出一批跨专业、跨领域、多方位的高水平法律人才。与此同时，各大高校可以紧密结合自身特色优势，构建复合型法律人才培养机制。例如，农业院校培育农业与法律复合型人才，财经院校培养财经与法律复合型人才，明确本校法学专业培养目标和建设重点，不断提高专业建设与社会需求的契合度。

（五）课程考核方式的转换

构建科学型课程考核方式，健全能力与知识考核并重的评价体系，实现考核方式从结果考核转向过程考核。模拟法庭课程的考核，可以实行和理论课程不同的考核方式，注重对学习过程的及时检测，进一步量化具体考核指标，建立一套科学合理的课程考核体系。增加过程考核在模拟法庭中所占比重，注重考查法律知识的运用，降低卷面考试的权重。具体而言，教师应当在对学生的模拟法庭表现和法律文书写作进行点评辅导的同时及时给予评分，此外，笔者认为还可以针对实践课的特点吸收第三方的评价，这个第三方就是没有参与本次模拟法庭实践的同学。一个模拟法庭课程的进行，在审判区域的学生总是少数，没有参与的同学可以根据审判区域同学的表现给出一个分数。综合教师和其他学生评价，综合给出较为客观的成绩。需要提出的是，这不仅有助于实现成绩评定的客观公正，而且有助于获得实践教学工作的评价和反馈，更有利于调动旁听同学主动参与模拟法庭课程的积极性和主动性。全面考核学生对知识的掌握和运用，对于实现以考辅教、以考促学和激励学生主动学习、刻苦学习有积极意义。

新工科建设进程中法治信息管理人才培养模式的实践探索

——以中国政法大学法治信息管理专业学科建设为样本为例

◎宗　恒*　李　净

摘　要： 法治信息化的全面实施对新时代法治数据、法治信息人才的培养提出了紧迫的要求。为加强法治工作队伍建设要求，中国政法大学成立了法治信息管理专业，并依托新工科建设进程中的经验对法治信息管理人才培养模式进行实践探索与理论总结。本文认为，法治信息管理人才应以实现“一个特色、三种能力”作为培养目标，课程建设应采用“法律”+“信息”+“管理”的交叉培养模式，注重培养学生的数据意识、数据素养，培养出既能掌握法学的知识体系，又能掌握信息学、数据学的知识体系的新型法律服务人才，实现

* 宗恒，女，副教授、硕士，研究方向为信息管理与大数据。

信息化+法治的融合跨界。

关键词： 信息管理　法治信息　人才培养　法治大数据

党的十八届四中全会作出的《中共中央关于全面推进依法治国若干重大问题的决定》明确提出[1]，加强法治工作队伍建设，创新法治人才培养机制。为迎合“互联网+”时代对新型法治人才的需求，需加快法治信息管理人才培养，创新法治人才培养机制，加强法治工作队伍建设。为响应时代号召，中国政法大学成立了法治信息管理专业，并依托新工科建设进程中的经验对法治信息管理人才培养模式进行实践探索，本文即对实践模式进行阐述，并对法治信息管理人才培养的制度安排进行总结。

一、法治信息管理人才培养的时代需求

（一）国家需求

现代信息技术飞速发展的时代，互联网、云计算、大数据、人工智能等正深刻影响和改变着人们的生活，人才市场急需能够处理庞大规模和复杂结构数据类型的信息管理专业人才。为适应新的技术革命、产业变革、社会资源管理变革、社会服务管理变革等，自2017年2月始，教育部积极开展新工科建设，相继举办了“复旦共识”“天大行动”和“北京指南”等新工科研讨活动[2]，为新工科建设指明了具体的发展方向。新工科专业涵盖人工智能、智能制造、机器人、云计算、大数据等支持新兴产业发展的专业，把培养德学兼修、德才兼备的高素质工程人才和强

---

〔1〕 迟方旭：《坚持处理好全面依法治国的辩证关系》，载《中国社会科学报》2018年9月27日，第1版。

〔2〕 言十：《新工科与大数据》，载《计算机教育》2018年第9期。

化工科学生的家国情怀、国际视野、法治意识、生态意识和工程伦理意识等作为重要的培养目标。

（二）社会需求

当今社会，法治、法律无疑是促进社会平稳运行和进一步发展的重要保障。法治信息化是现代司法系统中不可或缺的元素之一。随着我国法治建设逐步进入信息化建设阶段，越来越多的法治工作部门、企事业单位以及法律工作者将不可避免地要面对和处理大量的法治信息。

政法领域的信息化建设是国家信息化建设的重要组成部分。经过多年努力，围绕各级法院、检察院、公安机关、司法行政机关等政法部门的办公自动化，重要领域和重点业务信息化、网络与信息安全基础设施保障等方面开展的一系列信息化建设取得了实质性进展，特别是我国法院系统推行海量裁判文书公开上网举措，加强了司法大数据的有效利用，有力地促进了司法公开和司法公信力的提升。我国政法领域信息化建设快速推进，信息化水平不断提高，对法治信息管理人才的需求，提出了新的更高的要求〔1〕。

（三）教育需求

法律工作者不仅要依靠传统的“理论+推断+分析”的思维模式，更要逐步适应新问题催生的新技术的应用，即“信息系统+大数据”。因此，在法治信息管理领域里亟需大量的既懂现代信息技术及大数据信息管理，又熟知法学基本原理、司法体系结构及法治运行规律的专业人才。

---

〔1〕 司法部：《“数字法治、智慧司法”信息化体系建设指导意见》，载《中国司法》2018年第11期。

综上所述，要想建立全方位、智能型的国家司法系统，自然离不开两类人才的交融支持：掌握法学基本原理、司法体系结构的法律人才和掌握数据信息化技术、人工智能大数据的信息化人才。这两种人才在现有的教育体系中是毫无关系的相对独立群体，不论在知识体系还是实践活动方面都少有交集，对法治信息化的全面实施造成了严重的制约。所以，新时代法治信息人才的培养就成了高等教育者亟需解决的问题。

二、法治信息管理人才培养的实践探索

（一）中国政法大学法治信息管理人才的培养目标及基本模式

为顺应社会发展的需要，2017年中国政法大学在最高人民法院（以下简称“最高院”）的支持下设立了法治信息管理专业。该专业根据“厚基础、宽口径、高素质、强能力”的人才培养要求，充分发挥中国政法大学的法律背景和最高院的实践和需求背景，按照“一个特色、三种能力”的培养模式，不仅培养法学和现代管理学理论基础，同时突出法律与信息结合的特色，使学生具备计算机科学技术知识、应用能力、信息管理能力以及以法治信息为驱动力的数据挖掘和数据分析能力，以便将来有能力在国家各级管理部门、各企事业单位、科研机构等部门从事法律信息管理、法律信息系统分析、设计以及法治信息智能化等方面工作，成为高素质特色人才。

具体来说，信息管理与信息系统专业（法治信息管理方向）实行“信息管理技术+法学”的“4+1”双专业双学位培养模式，学生在5年内完成信息管理与信息系统专业和法学专业的培养方

案，同时获得工学和法学两个学士学位，学生也可以在第 8 学期选择退出工学转向法学专业学习。

（二）法治信息管理人才培养策略和途径

为了能够通过课程组的建设实现“法律+信息+管理”的交叉培养目标，我们构建了诸如现代管理技术课程组、法学基础课程组、信息技术课程组、大数据分析课程组等核心课程组群。课程组之间既要相对独立地完成本课程组的培养方案，也要彼此兼顾不同课程组之间的衔接交叉关系。

围绕课程建设、课程开发的核心内容，坚持大专业门类和特色标准的统一、理论课与实验课相统一、跨学科专业知识融合统一的原则，并且多次到相关专业院校汲取经验，各课程组之间反复研讨、反复对接，初步形成了以下课程体系：

本专业课堂教学课程体系由通识课和专业课构成，通识课和专业课均分别由必修课和选修课组成。

其中，专业选修课的设置要求与课程组群的设置相对应，具体内容为：

· 应用数学与电路基础课程组

· 信息系统开发课程组

· 计算机网络与网络安全课程组

· 信息管理与信息安全课程组

· 法学课程组

· 实践与科研课程组

本专业的专业主干课包含计算机技术类、管理类和法学基础类课程[1]。

·计算机类包括：高等数学、线性代数、概率论与数理统计、计算机组成原理、数据结构、操作系统原理、算法与程序设计、数据库系统概论、计算机网络、管理信息系统（法治信息）、信息系统分析与设计、法治信息大数据分析、信息资源管理（法治信息）。

·管理类课程包括：经济学、管理学、运筹学、管理统计学。

·法学基础类包括：法理学导论、宪法学、民法学原理一：总论、刑法学总论、知识产权法、行政法与行政诉讼法。

·同时还开设法治信息管理实践等实验课程。

在对本专业学生教学的实践中，我们还会根据学生的实际要求，对目前的课程体系进行调整，以便于培养更合格的交叉专业人才。

（三）师资队伍的建立

要培养合格的交叉型的法治信息管理人才，首要任务是要加强师资队伍的建设。师资水平是专业建设和人才培养的重要保障。因此，根据专业课程建设的需要，学院组建了计算数学、网络安全、管理信息系统、大数据分析四个方向的虚拟教研室。学院坚持“外部交流合作，内部优化整合”的原则，不断提高教师新兴技术的再学习和交叉素养的再提升，积极动员和鼓励教师参加国内外有关会议学习，交流新兴技术，从相关院校请专家来进行教学指导。学院身处全国法学教育的殿堂，本身具有极好的法

〔1〕 陈劲松：《新工科背景下电子类专业计算机类课程体系探索》，载《廊坊师范学院学报（自然科学版）》2018年第3期。

学学习条件，因此，为提高理工科教师的法律知识背景，学院邀请本校法学专家们为教师专门培训法学知识、提高本院教师的法律素质和法学修养，同时抓住与高法共建的契机，积极引进外部的优秀人才，充分利用中国人民大学、中国石油大学、北京交通大学等兄弟院校的专家学者力量，充实学科建设团队，力争在短时间内打造一支“当得了教师，做得了科研”的优秀教师队伍。

（四）教学模式的创新和教研活动的开展

面对一个新专业的建设，学院上上下下都要做好打硬仗的准备。学院从最基本又最重要的教学基本活动和教研活动抓起，狠抓教师的基本功。所有的教师打破学院、教研室的行政壁垒，一切以专业建设为指向，教师要以专业发展、课程建设的组合为原则。每门主干课程确保由 2 个以上相关教师负责，大家集体讨论教学大纲、集体备课，确保教学质量。

在专业培养过程中，既构建多学科交融的综合理论教学模式，又构建多层次多角度嵌入的实践教学模式。同时邀请最高人民法院和全国法院系统信息化建设领域的实务专家参与法治信息管理人才的教学与培养工作，内外协同，专兼职结合，共建理论联系实际的人才培养新模式。

（五）毕业论文和实践基地、实习方法的建立

指导毕业论文阶段要根据本专业培养学生的目标来设计。交叉学科培养出来的学生，其论文必将是涵盖多个学科的，因此学院将按照“虚拟指导组指导+具体教师负责”的方案，根据学生论文所涵盖的学科门类，由相关教师组成虚拟指导组对学生论文整体把关，同时指定指导教师具体负责。

此外，专业实验室与实践基地等硬件设施的配备，也是培养

专业人才的必然要求，有利于促进实践培养体系的实施[1]。因此学院将依托最高人民法院、地方人民法院和相关企业，在几年内建立法学、信息技术、信息管理的交叉体系实验室，在此过程中需要学院提高认识，拓展视野，打破实验室建设的空间局限，广泛联系企事业单位，建立长期稳定的校外实践基地，最终能够在实践基地建立稳定的专业实验室，为学生提供充足的实践环境和广阔的校外辅导资源以及产学研基地。

三、法治信息管理人才培养运行2学年的反思与改进措施

2017年9月份迎来了法治信息专业的首批本科生，共30名。"三新学院"（新教师、新专业、新学生）给我们提出了新的工作要求，全院上下围绕着新专业的建设、新学院的教学行政管理、新学生的学生工作模式等多方面，做了大量的脚踏实地的工作，实现了全方位的探索和不断地提升。

不可否认，任何新生事物的成长都要经过一个曲折的过程。2018级生源的第一志愿报考率相比2017级有很大的下降，据学校招生办公室的统计，本专业2017级生源的第一志愿报考率为43%，2018级的第一志愿报考率仅为10%，除却2018年的招生宣传工作存在不足之外，学院的当务之急更应深刻反思背后的真正原因，对症下药，培养合格的法治信息复合人才，在社会上、行业内树立自己的专业品牌特色，更好地为全社会的法治信息化建设服务。

（一）没有调查就没有发言权

为了得到第一志愿报考率滑坡的原因，学院从不同层面上对

[1] 王中任等：《面向新工科的机器视觉技术课程建设研究》，载《教育教学论坛》2018年第50期。

2017 级学生、家长、任课教师、班主任、辅导员做了灵活、细致、科学、真实状况的调查，基本上掌握了 2017 级的学习生态、教学生态、管理生态、学工生态。总结如下：

· 课程整体安排不合理：第一、二学期专业课偏少，第三学期第一学位课难度大、数量多，出现了学生掉队的情况。

· 双学位很难实现：取得管理学和法学双学位，是本专业的优势之一。但是根据学校现行双学位选课管理办法，第一、二学期不能选修第二学位课程，第四学期才能选修法学类课程，此时第一学位的专业必修课多、难度大，造成学生无时间、无精力学习法学类课程。

· 部分课程设置不合理：有的课程是计算机专业的必修课，缺乏必备的先行课。

· 课程难度偏大：课程和教材都有很大难度，导致部分学生出现厌学情绪，心理压力过大。

· 课时安排不尽合理：本专业的课程难度偏大，不适宜联排四节课。

· 硬件环境需进一步改善：学院专业图书、专业资料匮乏，无法向学生提供更多的资源。

· 学业辅导欠缺：面对学业困难时，专业教师如何帮助学生走出学业的困境，帮助他们有效地实现学业的突破是个新课题。

· 学院的管理工作：从公共课教学部门到负责学生的一切工作，学院的行政管理工作水平亟待提高。

（二）凝练专业培养目标，凸显专业培养特色、优化专业课程体系

本科人才培养总目标是：培养具有厚基础、宽口径、高素质、强能力的复合型、应用型、创新型、国际型人才，那么培养具备哪些素质的人才是本专业的任务？如何凸显我们的人才培养特色？

本专业是中国政法大学与最高人民法院信息中心联合培养的，法治信息化需要的复合型人才就是我们的培养目标，经过多次对最高人民法院、基层法院进行调研、座谈、总结，我们重新梳理、凝练了专业人才培养目标，根据《普通高等学校本科专业类教学质量国家标准》（以下简称“国家标准”）对各专业类的总体要求，依靠双一流建设的总体设计，进一步优化专业课程的设置，体现对人才培养目标的有效支撑。基本原则如下[1]：

·专业必修课程要少而精，去掉水课，打造金课。

·选修课要充足。专业选修课原则上应当是专业必修课程的拓展、延伸或必要补充。专业必修课与专业选修课之间要形成科学、合理的对应关系。

·专业课程的调整应当坚持整体优化原则，要构成对本专业人才培养目标的有效支撑。在专业选修课设置过程中要避免因人设课、重复设课。

·在课程内容上，要避免在本科阶段开设过细、过深的课程。

·在课程安排上要合理安排教学进度，特别要关注专业必修

---

〔1〕 田春燕：《应用型本科院校人才培养方案研究》，载《现代教育科学》2018年第11期。

课在各学期的分布平衡，以此来平衡学生在各学期的学业负担。

· 根据学校的统一部署，除国家标准要求修读的专业必修课、专业基础课和通识课外，本专业第一学期不再置入专业选修课和通识选修课。

· 充分利用、发挥夏季第三学期的短平快优势，强化案例、实践课程

比照 2017 级与 2019 级培养方案，主要有以下调整：

类别 学年	新增专业主干课	专业主干课门次	专业主干课学分	专业必修课门次	专业必修课学分	第一学年专业必修开设门次	第一学年专业必修开设学分
2017 级		4	14	18	59	4	17
2019 级	3	7	21	19	60	6	22

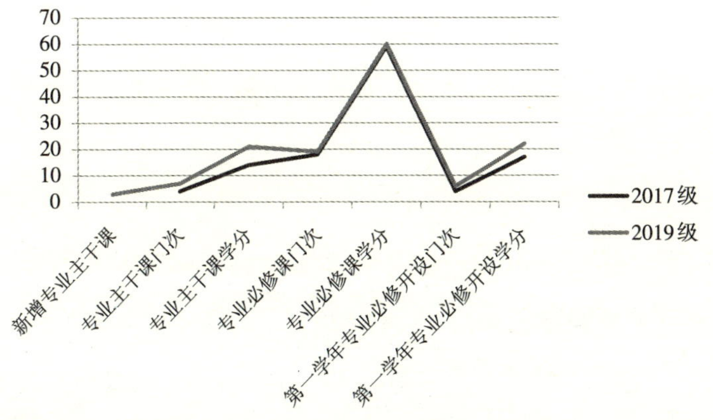

（三）加强现有师资队伍建设，培养教学骨干力量，引进学术精英

优秀的师资队伍是实现培养人才目标的根本所在，根据师资队伍要“走出去、引进来”的指导方针，进一步调动在职老师的教学攻关、科研攻关能力，积极走出去参加各种学术交流、培训学习；同时要加大引进人才的工作力度。

（四）学生工作要着重加强学业辅导、心理辅导、学业预警的工作[1]

学生工作始终要围绕着人才培养目标的各个环节，要为人才培养目标的顺利实现保驾护航。第一专业的课程门次多、课程难度系数大，叠加第二学位（法学）课程后，学生要经过很长一段时间紧张的学习，为了帮助他们顺利通过学业的瓶颈期，学业辅导、心理辅导、学业预警的工作要及时跟进：

·要有代入感，跟学生感同身受，理解他们的困惑和困难，切实帮助他们解决心理问题、实际生活中的问题等。

·依靠信息化手段，提高学生工作的及时性、有效性。学校教务系统或者学院要开发学术预警子系统，建立学院、学生、任课教师、家长多位一体的学工系统。

四、总结

（一）学科建设

随着经济全球化和社会信息化的深入发展，信息科技对人类文明进步已经产生并将继续发挥重大促进作用。现有高等教育体

---

〔1〕 瞿翠玲等：《学业预警机制及其成效提升研究》，载《读与写（教育教学版）》2015年第6期。

系中的“计算机科学与技术”与新工科建设中的“数据科学与大数据技术”都是现在热门的大方向学科。其中“数据科学与大数据技术”就是一门实践性很强的新兴交叉复合型学科。无论是在哪个学院开设的课程，数学、统计学、计算机三大块课程都是必须具有的。

（二）知识体系建设

各高校在这几门基础学科的背景上，应交叉融合其他的专业知识技能，对传统工科专业进行升级改造、交叉融合，找到新产业的突破口，最终培养引领未来技术、产业发展、服务需求、社会需求，适应新经济发展需要的紧缺人才。这无疑是各个高校及其高等教育工作者必须面临和解决的问题

众所周知，信息管理专业已经成长为一个非常成熟的专业，并且很多高校都有开设，信息管理专业的学生在现今社会的各种管理岗位中也都发挥着重要的作用[1]。随着新工科建设的到来，新时代下将利用大数据及人工智能技术与法学相结合，使其能够更好地协助和促进当前社会的法治信息管理进程，是信息管理专业和法学专业应当共同考虑的问题。

（三）师资建设

要培养具有法治信息管理能力和法治大数据分析能力的学生，就必然要求教师不断提高自己的科研水平和实践能力。通过对法治大数据信息处理、法治网络与法治信息安全、法治图形图像等方面的研究，提升法治信息处理能力和业务水平以及防范和侦破计算机和网络犯罪的能力，建立法律信息库、案件文书库、

---

〔1〕 王宇鹏:《信访信息化推动信访法治化探析——以陕西洛南县人民政府信访信息化建设为例》，载《公民与法（法学版）》2014 年第 10 期。

犯罪信息特征库等。在此基础上，鼓励并指导学生积极参加各级别、各种类的创新创业项目以及计算机应用类的比赛，以提高学生的综合应用能力。同时，鼓励学生参加教师的科研项目，力争在法治信息这个大平台中展现自己的实力。

五、结论

工科建设，在传统的政法院校培养新时代的法治信息人才、法治数据处理人才是法治信息化建设的重要组成部分，所以探索创新人才培养方案，实施交叉学科人才培养方案变得尤为重要。我们应不断地探索人才培养方案，在实践中优化课程体系，强化实践教学，逐步推进产学研相结合。对于培养方案的各个阶段，我们既要做到及时跟踪，分析其中出现的偏差和问题，及时调整，同时也要进一步提高专业建设水平和办学能力，培养学生的数据意识、数据素养，使得学生在本科阶段既能掌握法学的知识体系，又能掌握信息学、数据学的知识体系，达到“信息化+法治”的融合跨界，使大数据能够更好地服务于法律，从而保质保量地培养适应新型法治社会的复合信息化人才，最终有利于促进全社会法治信息化进程。

未来法治信息建设过程中，中国政法大学将继续坚持高起点、高要求、高水平，努力培养和造就一批卓越的精通法律、信息技术和数据管理的复合型人才，为社会主义法治国家建设和网络强国战略的实施提供人才保障，为网络空间法治化、高新技术知识产权保护等社会治理需求提供智力支持。

课堂与教学

Curriculum and Teaching

“三型五化”知识产权人才培养模式研究

——湖南师范大学法学院的探索与实践*

◎邓建志**　李爱年***

摘　要：距教育部将知识产权列入本科特色专业只有几年的时间。知识产权人才供需错位的困境，意味着高校知识产权人才培养模式亟需改革。经过近七年的理论探索与具体实践，湖南师范大学法学院形成了“三型五化”知识产权本科人才培养模式，即以复合型、应用型和通识型人才培养为目标定位，以课程体系模块化、教学手段多样化、师资结构复合化、实践环节实战化和

* 基金项目：本文为湖南省教育厅教改项目（编号：JG2018B034）和湖南省知识产权局项目（编号：2018R006P）的阶段性成果；获湖南师范大学一流学科建设项目资助。

** 邓建志，男，博士，硕士生导师，湖南师范大学法学院副教授，知识产权系主任，主要研究领域为知识产权法、知识产权管理和知识产权教育。

*** 李爱年，女，博士，博士生导师，湖南师范大学法学院二级教授，主要研究领域为环境法和法学教育。

考评机制灵活化为实施机制，融专业能力与职业素养于一体的知识产权人才培养模式。该培养模式取得了预期的培养效果。

关键词：知识产权　“三型”人才　“五化”举措　培养模式

知识产权在全国范围内都是一个新专业。2012年，教育部首次将知识产权作为特色专业列入《普通高等学校本科专业目录》[1]。同年底，湖南师范大学本科知识产权专业获批设立，因而有幸坐上了知识产权本科人才培养的首班车。随即我校开始了知识产权本科人才培养的具体实践，于2013年顺利完成首届招生，并已连续招生六届，目前已有两届毕业生。2017年，该专业顺利通过湖南省教育厅组织的新办本科专业办学水平评估和新增学士学位授权学科专业评估。七年来，结合知识产权人才培养过程中遇到的问题，我们对知识产权本科人才培养模式做出了理论探索与具体实践，并取得了预期的培养效果。

一、问题提出

“世界未来的竞争就是知识产权的竞争”。由此，2008年国家颁布实施《国家知识产权战略纲要》，将知识产权人才培养提到前所未有的高度。之后，国家提出的“一带一路”倡议[2]、“中

---

〔1〕 2012年9月教育部制定的《普通高等学校本科专业目录》首次将“知识产权”列为特色专业，其专业代码为030102T。

〔2〕 2013年9月和10月，国家主席习近平分别提出建设“新丝绸之路经济带”和“21世纪海上丝绸之路”的合作倡议。载https://baike.baidu.com/item/%E4%B8%80%E5%B8%A6%E4%B8%80%E8%B7%AF/13132427?fr=aladdin#reference-[1]-20049275-wrap，最后访问日期：2019年2月8日。

国制造2025”计划[1]以及2018年习近平主席在全国教育大会上的重要讲话[2]，不仅为知识产权人才培养指明了方向，而且意味着培养符合“智造创新”需要的知识产权人才，成为国家实施创新驱动发展战略的重要支撑。然而，国内知识产权本科人才培养尚处于初步探索阶段，毕业生就业时存在如下困境：一方面社会对知识产权人才需求巨大，而另一方面知识产权毕业生就业率位居榜尾[3]，并不为用人单位所待见。

上述知识产权人才供需错位的困境，意味着高校知识产权人才培养模式急需改革。调研发现，传统模式下的高校知识产权本科人才培养存在如下问题：第一，目标定位不准，并出现了“单一化”[4]与“全能化”[5]两种极端化倾向。第二，培养过程过分重视理论讲授，实践教学被忽视或不成体系。[6]第三，在课程设置、教学方法、师资结构等方面存在与知识产权交叉学科属性不一致的问题。[7]基于此，高校如何改革传统的知识产权人

---

〔1〕 2015年3月5日，李克强在全国两会上作《政府工作报告》时首次提出“中国制造2025”的宏大计划。载https://baike.baidu.com/item/%E4%B8%AD%E5%9B%BD%E5%88%B6%E9%80%A02025/16432644?fr=aladdin，最后访问日期：2019年2月10日。

〔2〕 2018年9月10日，全国教育大会在北京召开，习近平主席发表重要讲话。载http://www.mod.gov.cn/shouye/2018-09/10/content_4824574.htm，最后访问日期：2019年2月11日。

〔3〕 《教育部公布近两年就业率较低的本科专业名单》，载http://gaokao.eol.cn/kuai_xun_3075/20141013/t20141013_1188693.shtml，最后访问日期：2016年2月13日。

〔4〕 在“单一化”目标定位下，主要培养知识产权保护人才。

〔5〕 在“全能化”目标定位下，试图培养懂法学、管理学、经济学、理工科学以及相关学科的全能型人才。

〔6〕 实地调研发现，知识产权专业毕业生就业率低，不受用人单位待见，学生实务能力弱是重要原因，造成该问题的主要原因就是在高校知识产权人才培养过程中，实践教学并没有引起足够重视。

〔7〕 邓建志：《知识产权专业本科教育问题研究》，载《知识产权》2017年第11期。

才培养模式，培养出合格的知识产权本科人才，成为当前必须解决的现实问题。

二、理论探索：培养“三型”人才

知识产权是一个与法学紧密相关的跨学科专业。如何培养合格的本科知识产权专业人才，国外没有可供借鉴的经验，国内还处于初步探索阶段。传统模式下，“单一化”或“全能化”目标定位的实践，也随着教育部公布的知识产权专业就业率排名垫底、知识产权人才供需错位矛盾突出而倍受争议。

针对前述问题，湖南师范大学在实地调研、详细论证和具体实践的基础上，探索出了符合国家战略需要的“三型五化”知识产权本科人才培养模式，即以复合型、应用型和通识型人才培养为目标定位，以课程体系模块化、教学手段多样化、师资结构复合化、实践环节实战化和考评机制灵活化为实施机制，融专业能力与职业素养于一体的知识产权人才培养模式。

我们将知识产权本科人才培养目标定位于“三型”人才，主要理由有三：

首先，“复合型”是知识产权专业跨学科属性的内在要求。知识产权是一门跨法学、管理学、经济学和理工科学等多学科的综合性新型学科。[1] 知识产权的交叉学科属性，意味着知识产权专业学生的知识结构应当具有跨学科背景，高校培养的知识产权专业人才应当是具备跨学科知识背景的“复合型”人才。

其次，“应用型”是知识产权专业实务性强和市场需求的共

---

〔1〕 邓建志、单晓光：《上海知识产权人才需求与培养错位分析》，载《中国知识产权报》2007年8月8日，第4版。

同要求。知识产权是一门实践性极强的“应用型”学科[1]。本科知识产权专业人才的培养，不仅应强调知识结构的复合，而且还应突出知识产权法律实务、管理实务以及技术实务等方面综合实践能力的培养。[2] 同时，知识产权专业毕业生就业时存在的供需错位矛盾，要求高校在培养知识产权人才时，应当注重培养学生的实务能力，也就是说，市场对知识产权人才提出了“应用型”要求。

最后，“通识型”是知识产权专业本科教育定位与地位的要求。本科教育到底应当如何定位，虽然存在争议，[3] 但定位于“通识型”教育还是获得了比较广泛的认同[4]。知识产权本科人才教育也应当符合本科“通识型”教育的目标定位，突出对学生综合素质和基本能力的培养。另外，从本科教育在高等教育层级体系中的地位看，其处于基础性地位，因此，知识产权专业本科教育应当定位于培养知识产权领域的“基础型”人才，即“通识型”人才。

三、具体实践：实行“五化”举措

为了实现前述“三型”人才培养目标，湖南师范大学知识产权系在人才培养的具体实践中，重点采取了“五化”举措来贯彻落实：课程体系模块化、教学手段多样化、师资结构复合化、实

---

〔1〕 吴汉东：《知识产权的学科特点与人才培养要求》，载《中华商标》2007年第11期。

〔2〕 邓建志：《知识产权专业本科教育问题研究》，载《知识产权》2017年第11期。

〔3〕 徐卫东：《中国高等法学教育三十年发展回顾》，载《当代法学》2008年第1期。

〔4〕 李龙、邝少明：《中国法学教育百年回眸》，载《现代法学》1999年第6期。

践环节实战化、考评机制灵活化。

（一）课程体系模块化

课程体系模块化是培养知识产权“三型”人才的前提基础。知识产权的“三型”人才培养目标和交叉学科属性决定了知识产权专业本科教育课程适合于采用模块化的课程设置方式。课程体系模块化的目的是在充分考虑专业需要和学生兴趣的基础上，使学生具备法学、管理、技术等多学科知识背景与结构，同时具备获得法律职业资格考试和专利代理师考试资格的条件与能力。

湖南师范大学知识产权人才培养方案先后经历了2013年首次制定和2016年全面修改，并由此实现了课程体系的模块化。主要课程模块有三：公共基础课程、专业基础课程和专业方向课程。每个模块又可分为若干分模块。公共基础课程模块包括本科基本素养类课程和知识产权通识类课程两个分模块。专业基础课程模块包括法学基础课程、知识产权基础课程和运营管理基础课程三个分模块。专业方向课程模块包括知识产权保护方向课程、知识产权管理方向课程、知识产权实务方向课程和其他方向的课程。此外，知识产权专业学生在修满本专业学分的同时，根据兴趣爱好可以辅修一个理工科双学位专业，例如，可在化学、机械设计制造及其自动化、生物技术等专业中任选一个。湖南师大知识产权专业模块化课程体系的具体设置如图1所示。

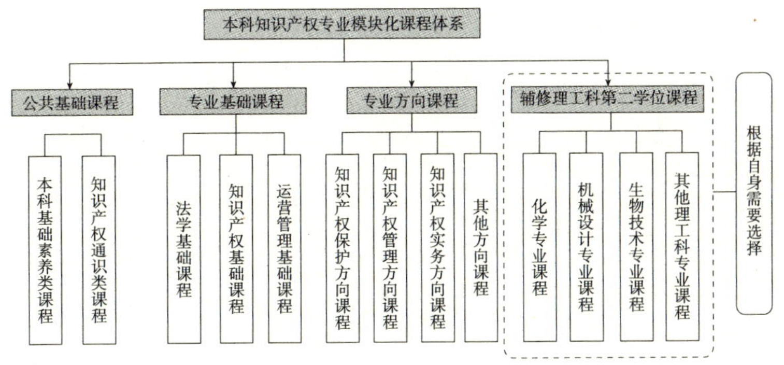

图 1　本科知识产权专业模块化课程体系图

在自选课程的设置上，湖南师范大学从“德法兼修”和“文化自信”等视角开创性地设置了相关课程。例如，“知识产权导论”和“论文写作指导”课程注意培养学生的学术能力，并与“著作权法”课程相结合，提高学生专业水平；“知识产权制度史”课程让学生传统了解中国社会创造的让世界瞩目的知识产权成果和保护措施；依托“至善讲台”和“法学前沿讲坛”邀请国内外知名企业家或专家来校讲座[1]，让学生了解医药、制造和机械等领域的知识产权成果，树立学生的文化和智识自信心。

（二）教学手段多样化

教学手段多样化是培养知识产权“三型”人才的基本途径。主要实现方式有二：

首先，培养平台多元化。目前湖南师范大学已经形成了知识产权专业人才培养平台（2012 年）、中国知识产权远程教育湖南师范大学分站（2016 年）、湖南省知识产权培训基地（2018 年）和湖南师范大学知识产权中心（2018 年）等多元平台体系，四者

〔1〕　本科四年中，我校有大约 160 场高水平讲座供本科学生选择。

共同服务于本科知识产权人才培养的需要。

其次，教学方法多样化。一是推行以问题意识为导向、融知识传授、思维训练和能力培养为一体的学生主导型教学方法，着重培养其职业思维能力和解决实践问题的能力；二是探索启发式、探究式、讨论式和参与式教学，提升学生的综合能力；三是运用现代信息交流手段，搭建“网上交流平台”，实现教与学的多层次、多形式交流。

（三）师资结构复合化

师资结构复合化是培养知识产权“三型”人才的教师保障。为实现师资结构复合化，湖南师范大学主要从三个方面采取了应对措施。

一是提升现有教师的综合能力。学校先后派遣多名专业教师到美国等国家外出学习案例教学、双语教学、诊所式教学等教学模式；一些专业教师通过国家“双千计划”等项目到相关实务部门挂职工作与学习；学校积极鼓励教师从事知识产权司法鉴定和诉讼实务活动等。

二是整合学校学科优势，实现跨学科教师授课。知识产权系从商学院等相关学院聘请了多名教师为知识产权专业学生讲授知识产权运营管理类课程。同时，知识产权专业学生也可通过辅修学位到相关理工科学院学习理工科专业课程。

三是聘请实务部门专家传道授业。学校先后聘请湖南省知识产权信息服务中心、相关知识产权代理服务机构以及法院、检察院等单位的多名知识产权实务经验丰富的专家给学生讲授知识产权信息检索、专利代理实务等课程。

这些教改举措，让师资结构复合化真正得以落实，为实现

“三型”目标提供了师资保障。

（四）实践环节实战化

实践环节实战化是培养知识产权“三型”人才的关键举措。经过近七年的探索，湖南师大知识产权专业已经形成了课堂、校内、校外“三位一体”的实践环节实战化操作模式。

首先，课堂实践教学的主要举措有：专任教师以竞赛为载体，指导学生撰写专业论文，训练学生的专业技能；知识产权实务技能课程通过聘请校外专家到课堂授课，侧重于技能型知识的训练和传授；每个班级都配备了专业导师，以班会、读书会、研讨课的形式进行立德树人教育，帮助学生树立文化自信等。

其次，校内实践教学的主要举措有：我们通过“漾翅实践团队”让学生直接代理案件真刀真枪上法庭，培养实战型专业人才；依托“麓山杯”模拟法庭竞赛、“司法鉴定中心”“法律援助中心”“维权协会”等平台开展实战型实践教学活动。

最后，校外实践教学的主要举措有：我校已与省市两级知识产权局、相关法院和知识产权代理公司等联合建立了十多家实习基地，以满足知识产权专业学生校外实践的需要；不断改革校外实践教学方法，法学院成功地探索出“三段六步全程参与式实战教学法”，将校外实践环节实战化落到实处；要求学生根据教学内容，任选一专题自拟题目做调查研究，以小组5~8人为单位进行，通过问卷调查、个别访谈、文献收集、个人体会等方法，对各类知识产权问题撰写调查报告，如各项大学生创新实验计划等。

（五）考评机制灵活化

考评机制灵活化是培养知识产权“三型”人才的监管落实。

我校建立了一套完整且灵活的质量监控与评价体系。

首先，学生考评方面，改变“一次考试定终生”的做法，同时废除毕业清考制度。我校对本科学生的考核进行改革，将平时成绩占期评成绩的比例由30%提高到40%；结合上课出勤率、课堂表现、课后作业及法律实践，综合考评“平时成绩”。

其次，教师考评方面，建立了由学校教学督导、法学院教学督导、法学院教务办、学生组成的多主体课程教学考核机制。自知识产权专业建立以来，所有师生的教学质量测评结果均达到优秀，这表明灵活化的教学过程监控措施得力，效果明显。

四、培养效果：符合预期目标

综上所述，经过近七年的探索与实践，我校形成了“三型五化”知识产权本科人才培养模式。该模式较好地解决了传统模式下高校知识产权人才培养中存在的目标定位不准、学生知识结构“法学化”与“杂糅化”并存的问题，以及学生实务能力弱而导致的供需错位问题。从毕业学生就业以及其他相关情况来看，我校的知识产权人才培养效果达到了预期目标。具体情况如下：

（一）直接效果：学生素质全面提升

第一，志存高远，学无止境。毕业生名校读研比率高。2017届毕业生共30人，深造读研11人，占比36.7%；2018届毕业生共32人，深造读研12人，占比37.5%。从读研高校看，既有美国、英国、澳大利亚等国外一流大学，也有中南财经政法大学、华东政法大学等众多在国内知识产权领域享有盛誉的著名高校。

第二，学以致用，回报祖国。毕业生就业情况佳。从已毕业的两届学生就业情况看，就业率均为100%。并且，就业学生绝大部分从事专业对口、目前国内急缺的知识产权实务工作，立志为“智造创新”贡献智慧。

第三，立足法学，夯实基础。我校注重知识产权保护人才的培养，将法学主干课程全部纳入培养方案中。在2018年全国首次“国家统一法律职业资格考试”中，2015级知识产权专业学生报考30人，一次性通过17人，一次性通过率为56.7%，远远超出法学专业的平均通过率。

第四，多元能力，综合发展。七年来，我院知识产权专业的学生共获得各级各类专业竞赛奖项200多项，其中，省部级奖项13个。如国家知识产权局征文二等奖2个，三等奖1个，优秀组织奖1个；全国大学生英语竞赛国家级特等奖1个，一等奖1个，三等奖2个；国家奖学金1人和国家励志奖学金3人；LSCAT评估证1人等。培养的六个年级学生中人均获奖2次。

第五，学生肯定，满意度高。毕业生对知识产权人才培养情况给予高度好评。《湖南师范大学2017届全日制本科毕业生就业质量年度报告》中“毕业生对母校教育教学的满意度与反馈”显示，法学院2017届毕业生（2013级）对实践教学满意度为96.39%，对“母校的推荐度”达到100%。

（二）教学相长：取得了一批教改理论成果

我校知识产权专业的教师在承担繁重的教学任务之外，还不断进行教研教改探索，先后承担了各级教改课题9项；在《知识产权》《中国知识产权报》《法制周报》《法学教育研究》等专业期刊上发表《知识产权专业本科教育问题研究》《上海知识产权人才需求与培养错位分析》《湖南师大知识产权“三型人才”培养的理论与实践》《“三段六步全程参与式”实践教学改革探索》等教改论文多篇，形成了一系列理论成果，为我校知识产权人才培养方案的制定与实施以及“三型五化”知识产权人才培养模式的形成提供了可靠的理论支撑。该专业教师获得各种奖励或荣誉26项，其中包括省部级奖励17项。

中小学知识产权教育现状及其分析

◎张立峰*

摘　要：2008年至2018年，我国先后出台了多个文件，确定了112所中小学作为国家级知识产权教育试点学校，由“摸着石头过河”向顶层设计过渡，把中小学知识产权教育作为培育民族知识产权文化基础性工程，保障知识产权国家战略的有序推进并得到了国际社会的肯定，中小学知识产权教育呈现出前所未有的生命力、创造力、影响力。未来，我国中小学知识产权教育的发展，还需进一步加强顶层设计，达成知识产权教育共识；建立专业的师资队伍，全方位开设知识产权课程；统一教材，探索线上教育；增加投入，奖惩合一，

---

* 张立峰，1994年生，男，湖北襄阳，上海师范大学法律硕士，知识产权研究方向。

扩大试点范围；借鉴国外知识产权人才培养经验，为中华民族伟大复兴的中国梦提供更有力的支撑。

关键词：中小学知识产权教育　知识产权文化　新时代知识产权人才

习近平总书记在第十九届全国人民代表大会报告中强调，“倡导创新文化，强化知识产权创造、保护、运用”。[1] 自此，党和国家对知识产权的重视和保护提到前所未有的高度。中小学生是知识产权未来发展的生力军，中小学阶段是一个人知识产权文化培育的黄金期，正处于人生观、价值观、世界观塑造的重要阶段，在这个阶段让中小学生受到耳濡目染的熏陶，对培育民族知识产权文化有重要意义。

一、中小学知识产权教育现状

2018年5月，习近平总书记在北京大学师生座谈会上强调，广大青年要成为实现中华民族伟大复兴的生力军，肩负起国家和民族的希望。走好新时代的长征路，加快建设知识产权强国，青年一代必将大有可为、大有作为。[2] 落实中小学知识产权教育，为我国营造尊重人才、尊重知识、尊重创造的社会氛围，培养一批“有理想、有能力、有担当”的新时代知识产权人才，知识产权教育取得了明显进步。

---

〔1〕 参见习近平：《决胜全面建成小康社会 夺取新时代中国特色社会主义伟大胜利——在中国共产党第十九次全国代表大会上的报告》。

〔2〕 相关论述参见 http://ip.people.com.cn/n1/2018/0504/c179663-29964323.html，最后访问日期：2018年5月4日。

（一）政策推动，已建立 112 所全国中小学知识产权试点学校

2008 年国务院颁布实施《国家知识产权战略纲要》，部署“广泛开展知识产权普及型教育……制定并实施全国中小学知识产权普及教育计划，将知识产权内容纳入中小学教育课程体系”，这是全国中小学知识产权教育的首个文件。随后密集出台了一系列文件以推动中小学知识产权教育的发展。2014 年国务院办公厅发布《深入实施国家知识产权战略行动计划（2014—2020 年）》文件写道：“建设若干国家知识产权人才培养基地，推动建设知识产权协同创新中心……将知识产权内容纳入学校教育课程体系，建立若干知识产权宣传教育示范学校。将知识产权内容全面纳入国家普法教育和全民科学素养提升工作。”〔1〕明确提出到 2020 年，知识产权法治环境更加完善，创造、运用、保护和管理知识产权的能力显著增强，知识产权意识深入人心的知识产权战略目标。这表明党和国家已经充分意识到知识产权教育的重要性，把中小学知识产权教育的工作继续摆在突出位置。这一行动计划所涉及的精神，具体体现在 2015 年国家知识产权局、教育部联合制定了《全国中小学知识产权教育试点示范工作方案（试行）》方案中。方案要求，通过培育一批能带动全国中小学知识产权教育工作的试点、示范学校，让青少年从小形成尊重知识、崇尚创新、保护知识产权的意识，并充分发挥中小学知识产权教育的辐射带动作用，形成“教育一个学生，影响一个家庭，带动整个社会”的局面，增强全社会的知识产权意识，营造“大众创

〔1〕 参见国务院办公厅《深入实施国家知识产权战略行动计划（2014—2020 年）》第 3 节第 3 项。

业、万众创新”的良好社会氛围。根据这一要求，2015年至2018年，每年组织申报评定“全国知识产权教育试点学校”30所至50所。到2020年，在全国建成100所知识产权教育工作体系较为完善，知识产权教育工作规范化、制度化，知识产权教育成效明显的“全国知识产权教育示范学校”。

为了进一步推动知识产权教育工作，2016年国务院印发了《“十三五”国家知识产权保护和运用规划》，到2020年建成一批知识产权强省、强市，提出“开展全国中小学知识产权教育试点示范工作，建立若干知识产权宣传教育示范学校。引导各类学校把知识产权文化建设与学生思想道德建设、校园文化建设、主题教育活动紧密结合，增强学生的知识产权意识和创新意识”。正是这种政策激励倒逼改革，使得我们的中小学知识产权普及教育取得了一定的成果。

2015年、2016年、2017年三批全国中小学知识产权教育试点学校统计					
北京市7所	山东省7所	天津市6所	江苏省6所	福建省6所	上海市5所
广西壮族自治区5所	重庆市5所	新疆维吾尔自治区5所	广东省4所	浙江省4所	吉林省4所
湖北省4所	陕西省4所	内蒙古自治区4所	湖南省4所	河北省3所	黑龙江省3所
河南省3所	四川省3所	宁夏回族自治区3所	云南省3所	贵州省2所	辽宁省2所
海南省2所	山西省2所	安徽省2所	江西省2所	甘肃省1所	青海省1所

截至2018年，全国所有省份都有中小学知识产权试点学校。详细数据见表：北京市、山东省各有7所，其中山东省发展速度

最快；天津市、江苏省、福建省各有6所；上海市、广西壮族自治区、重庆市、新疆维吾尔自治区各有5所；广东省、浙江省、吉林省、湖北省、陕西省、内蒙古自治区、湖南省各有4所，其中广东省、江苏省已经探索出中小学知识产权教育的地方经验；黑龙江省、河南省、四川省、宁夏回族自治区、云南省各有3所，贵州省、辽宁省、海南省、山西省、安徽省、江西省分别有2所，甘肃省、青海省各有1所。〔1〕

此举在国际上也引来关注，2018年3月，美国知识产权认知中心发布《知识产权教育国际现状：七个领导型国家》报告，重点对我国中小学知识产权教育试点示范工作进行了详细介绍并给予了高度评价，将中国同美国、英国、德国、日本、瑞典、韩国一同列为知识产权教育工作先进国家。〔2〕之所以取得这些成果后，还要继续推进，是因为正如华中师范大学知识产权研究所所长刘华所言，“中小学知识产权教育试点示范工作的政策目标在于，其立足于以今天的知识产权基础教育质量，来提升明天的知识产权文化品质，倡导在中小学现行教学活动中融入知识产权价值观启蒙及创造力培养的素质教育内容，以弥补社会教育不足和知识产权意识有待提升的现实问题。”通过这种由点及面的模式，初步形成了“教育一个孩子，影响一个家庭，带动整个社会”的良好局面。〔3〕

---

〔1〕 数据来源：国家知识产权局办公室、教育部办公厅2015年、2016年、2017年分别公示了全国中小学知识产权试点学校名单，由笔者统计得出。

〔2〕 黄鹏举：《知识产权教育，怎样破题?》，载http：//www. iprdaily. cn/article_19718. html，最后访问日期：2018年8月27日。

〔3〕 相关论述参见《党的十八大以来知识产权文化建设成就综述》，载http：//www. sipo. gov. cn/ztzl/zggcddsjcqgdbdk/hhcj_sjd/1098560. htm，最后访问日期：2017年10月18日。

（二）形成了特色鲜明的中小学知识产权教育地方经验

中小学知识产权教育试点成绩比较突出的是山东省。省内各知识产权局、教育局多年连续联合举办中小学知识产权教育师资培训班，设立鼓励中小学生专利创造专项资金，启动“百件专利培育工程”，企业积极参与中小学知识产权公益行，使山东在全国中小学知识产权教育试点学校实现较大的突破，已有7所，截至2019年，是全国中小学知识产权教育试点学校最多的省份之一。其中，青岛大学附属中学（以下简称“青大附中”）作为全国中小学知识产权教育试点学校，有比较明显的教育特色，一定程度上代表了山东省中小学知识产权教育工作的成效。该校自主编写校本教材《科技创新活动》，开设多门知识产权选修课。到目前为止，青大附中共有3名学生被评为中国少年科学院“十佳小院士”；81人被评为“小院士”；131人分别获得了“预备小院士”和“小研究员”荣誉称号。在第37届世界头脑奥林匹克中国区决赛中，青大附中以全国第3名的好成绩荣获一等奖。在青少年创新大赛中，青大附中共有6名同学获得“山东省青少年科技创新大赛”一等奖，5名同学获得二等奖，8名获得三等奖；另有158人在市、区级科技创新大赛上获奖。在领导重视，政策支持，校企共建的推动下，山东省中小学知识产权教育探索出了地方模式，已经在全国中小学知识产权教育试点工作中取得了显著效果。

江苏省2015年第一批确定全国试点中小学仅仅1所，2016年第二批增添2所，2017年第三批再添3所，共计6所。江苏省中小学知识产权教育工作取得优异成绩肯定有值得借鉴的方法：创办科学社团、向学生发出“拒绝盗版，诚实做人”的倡议书、组织学生开展身边侵权行为社会调查活动、出版知识产权分类教材、成立中小学知识产权领导小组、划拨专项基金支持中小学知识产权、教育。正是通过这些综合举措让江苏省知识产权文化建设不断优化，中小学知识产权教育的辐射带动作用初步显现，形成了较好的品牌效应。譬如，南京市力学小学（以下简称“力学小学”），在开展知识产权教育工作前，首先针对本校学生组织了一次知识产权保护问题调查，组织学生开展社会调查活动，让学生亲自参与，调查身边侵权行为的案例。这些调查活动，一方面促进学生深入理解知识产权知识，将知识产权价值观深深植入孩子们的脑海；另一方面也让孩子们意识到知识产权宣传工作任重道远，使孩子们积极参与到宣传活动中，自觉成为一个维护知识产权的小公民。

广东省佛山市南海区作为全国中小学知识产权普及教育的开端，2002 年，广东省首先选择在课程改革和素质教育方面走在全国前列的佛山市南海区进行试点。2003 年，南海区将该区的 21 所小学和 21 所中学列为首批知识产权教学试验学校。2004 年 9 月开始，该区全面展开中小学知识产权教育，制定了《南海区知识产权教育试点学校工作方案》。2005 年 4 月，广东省在佛山市南海区召开“全省中小学知识产权教育试点工作现场会”，向全省推广南海经验。2006 年，广东省知识产权局、教育厅、团省委、少工委等四部门联合印发了《广东省中小学知识产权教育试点示范工作方案》。2007 年，该省在《广东省知识产权战略纲要 2007—2020 年》中，进一步明确要求全省各地因地制宜开展中小学知识产权教育。2009 年开始，该省又启动认定知识产权教育示范学校工作。截至 2019 年，广东省中小学知识产权示范学校已遍布全省，借助企业和行业之间的信息、人才、技术资源与物质资源共享，发挥各自的优势，实现校企联动办学模式，达到三方共赢，全新的专业，全新的人才培养模式，开放式办学，最关键的是特色课程、教程，学校老师可以探索与企业、地方合作去设置符合社会需求的课程，编进地方特色案例，编写中国典型教材，全国第一个使用中小学知识产权分类别教材的，取得了不错的效果。广东逐步在全省范围推广试点经验，较为突出的陈村职校自2002年起就提出“在中职学校开展创新教育，为社会培养创新型技能人才”的号召和构想。经过多年的实践探索，陈村职校形成了创新教育结合知识产权教育、结合专业教育、结合地方产业、结合教育科研、结合校园文化和结合创业教育的六结合教学原则。通过以第一课堂的形式开设知识产权和创新教育课、结合中职学校特点在课堂教学和实训教学中进行创新教育渗透、成立创新社团、举办创新发明培训班教授专利申请实务等方式，培养学生知识产权价值观和创新能力，为社会输送了大批创新创业人才。

正是在建设知识产权战略强国的政策推动下，地方政府制定实施细则、设立专项资金、自编使用分类别教材、拓展知识产权社团社会实践、校企联动办学、常规化师资培训，形成了“摸着石头过河”“先试点后推广”的地方经验，在短期内已取得显著成效，这些试点学校、区域内知识产权意识得到增强，各类版权、商标、专利等纠纷减少，对知识经济更加认同，为智力成果转化为经济要素提供了知识产权文化环境。

二、中小学知识产权教育面临的挑战

中小学知识产权教育是一项与经济发展社会进步有着密切联

系的工程，要将这项工程真正落到实处，培育新时代民族知识产权文化，需要问题意识。虽然这几年中小学知识产权教育取得了不错的成绩，但是还面临着很多挑战。

（一）中小学知识产权教育顶层设计不足，相关立法还不足

党的十八大以来坚持全面推进依法治国战略，凡事有法可依是前提，但在中小学知识产权教育领域还并没有“法”，仅仅是依靠政策、规章来推动中小学知识产权教育的发展。中小学知识产权教育属于教育体系的组成部分，绝不可能脱离教育体系“另起炉灶”，借助教育改革来发展中小学知识产权教育事业可以减少改革阻力。中小学知识产权教育具有时代性、创新性，一定程度上属于自我驱动、自我革命、自我纠正的基础性教育阶段。这一阶段由于国内内生动力不足、国外经验稀缺，中小学知识产权教育实践起来困难重重，需要国家知识产权局、教育部等多部门合作，在政策制定上保证专业性、可行性、本土性。根据笔者的梳理，针对中小学知识产权教育，国家共出台了 4 个文件[1]，地方政府结合本地实际情况在这四个文件的基础上都出台了细则，整体上属于政策性推动，距离制定法律、行政法规还有不小距离。

（二）缺乏中小学知识产权统编教材

从笔者的梳理来看，目前使用范围较广的中小学知识产权教育的教材有 10 本（见下表）：

---

〔1〕 分别是 2008 年国务院《关于印发国家知识产权战略纲要的通知》；2014 年国务院办公厅《关于转发知识产权局等单位深入实施国家知识产权战略行动计划（2014—2020 年）的通知》；2015 年国家知识产权局、教育部《全国中小学知识产权教育试点示范工作方案（试行）》；2016 年国务院《关于印发“十三五”国家知识产权保护和运用规划的通知》。

序　号	书　名	作　者	出版社	出版时间
1	《知识产权教育读本》（初级版、中级版、高级版）	广东知识产权局主编	知识产权出版社	2010-7
2	《中小学知识产权教育读本》	天津市知识产权局、天津市教育委员会组织编写	知识产权出版社	2012-4
3	《中小学发明创造与知识产权》	中国知识产权培训中心	知识产权出版社	2012-10
4	《中小学知识产权教育读本——发明与专利》	国家知识产权局组织编写	知识产权出版社	2013-9
5	《中小学知识产权教育读本——品牌与商标》		知识产权出版社	2013-9
6	《中小学知识产权教育读本——创作与版权》		知识产权出版社	2013-9
7	《知识产权基础知识》	国家知识产权局组织编写、刘西平等撰文	知识产权出版社	2014-4
8	《轻松发明——中小学发明创造课读本》	罗凡华	知识产权出版社	2003-5
9	《全国中小学知识产权教育示范读本（试用本）》	国家知识产权局	知识产权出版社	2018-8
10	《头脑创新思维训练》	刘彭芝、王珉珠	中国人民大学出版社	2010-8

“知识只有变为某个人的能力的时候，才有力量，才能改变命运。教材作为学生接触最多、反复阅读的材料，必须关注知识向能力的转化，把提升学生的理解能力和实际操作能力作为重要

的内容。"[1] 随着开展中小学知识产权教育的地区不断扩大和学校不断增多，教材问题开始浮现并成为困扰我国中小学知识产权教育的一个重点问题。从现有的情况来看，不同的区域结合当地知识产权实践情况尝试编写了不同的教材。2012 年天津市知识产权局、天津市教育委员会组织编写了《中小学知识产权教育读本》，该教材共有 5 个单元，收集了各种有针对性的案例、发明故事，兼顾课堂教学和课外拓展阅读双方面，并设计了一些实践活动，通过学生亲身参与达到感受相关知识、从小树立尊重和保护知识产权意识的目的。2014 年广东省佛山市知识产权局的刘西平老师主编了《知识产权基础知识》，该教材共十课，主要以对话和场景漫画来介绍发明、商标、版权，较为形象地将知识产权的基础内容作了讲解。2017 年广西教育出版社出版《走近知识产权——中小学知识产权教育读本》，该书定位于身边的人和事，贴近广西实际，专业知识表达规范准确，图文并茂，通俗易懂。作为科普教材，考虑各地区发展水平具有差异性，各地区结合本地知识产权现状因地制宜地编写普及教材是可以接受的，倘若是作为系统化、科学化、大众化的义务教育阶段教材，应该尽力克服知识产权教育的经济制约。统一教材是缩小地区差异的基础工作，要开展高效的教学必须有统一规范的中小学知识产权普及教育教材，这是教育工程必须搞好的重要节点，将教材理论与实践相结合使之更好地为实践服务也是刻不容缓的一项任务。

（三）中小学知识产权师资力量匮乏、专业性不够

学校将知识产权纳入中小学课程遇到的最大障碍，是师资力

[1] 陈金钊：《问题与对策：对法学教材编写热潮的感言》，载《杭州师范学院学报（社会科学版）》2007 年第 2 期。

量不足。这在我国的中小学知识产权普及教育中，已表现为一个突出的限制性因素。师资力量的不足导致很多地区的中小学里知识产权教学不能按照既定的计划进行，教学效果不够理想，现有的科技创新与知识产权教育的专任教师匮乏，大多以兼职身份“客串”，在发展中小学知识产权教育的大背景下，多数知识产权教师是“跨界”教学。这种现象的原因是多方面的，有知识产权学科本身的特点，也有我们传统教育对知识产权教育的忽视。近些年教育部增设了部分知识产权本科专业，在知识产权专业性人才培养上有大的进步，但知识产权本身的专业性与知识产权中小学实践教学还有一段距离。中小学知识产权教师门槛较高，一般需本科以上学历，且理工科为佳，但法律研习者又以文科生为主，这就导致一方面相关教师数量过少，另一方面专业性不够。中小学知识产权教师的水平不能满足实际教学所需，即使要求老师培训有周期性、科学性的考核，但走马观花式的短期突击起到的作用微乎其微，文科基础的教师也很难转型成功。

（四）中小学知识产权教育地区差异性大

中小学知识产权教育是21世纪创新引领发展背景下的国家战略，其本质上属于教育体系的一部分。从近三年公布的国家级中小学知识产权教育试点学校、省市级中小学知识产权试点学校看，不难发现如果是全民普及知识产权教育，非经济发达地区在这一轮的教育中仍然无法避免教育政策带来的局限。目前已公布的国家级中小学知识产权试点学校，东部沿海地区、省会城市占据了80%以上，而中西部地区，譬如甘肃、青海一个省份在三次申报中仅有一所中小学被确定为知识产权试点学校。在北京、上海、天津、山东青岛等经济较发达地区，开展中小学知识产权教育已经与现代科技发展结合的较为紧密，譬如 2018 年在上海举办的“世界人工智能大会”，上海部分中小学生在展览馆可以直接接触人工智能、机器人、无人驾驶、同声传译、云计算、物联网、大数据、人脸识别等新兴科技为生活带来的革命，这能直观地激发中小学生对科技的兴趣，培养具有时代创造性的动手操作能力。而在西部地区，中小学知识产权教育形式化还比较普遍，用活动替代教育、用第二课堂代替主渠道课堂教育现象比较明显。譬如开展“知识产权手抄报”“知识产权在我身边”“知识产权作文比赛”等传统的普及活动，虽也能起到培养学生的知识产权意识，但经济、文化、制度的差异性还是导致在知识产权中小学普及教育上出现了地区差异的端倪。

三、优化中小学知识产权教育

中小学知识产权教育出现的问题有的属于教育共性，但也有自身的特殊性。在知识经济时代，考虑到中国知识产权文化、知识产权保护、知识产权教育都处于培育阶段，国外知识产权教育各有特色，应当借助国外知识产权人才培养经验，总结国内试点经验，采取改革措施将利于促进中小学知识产权教育的改革和发展：

（一）加强顶层设计，达成中小学知识产权教育共识

思维决定行动，达成共识是做好中小学知识产权教育这项伟大事业的前提。在知识产权教育上，笔者认为顶层设计是以精英群体构成的决策层为领导，以民众关切、专业论证和基层建议为基础，就目标模式、体制机制作出的具有战略性、系统性和实践性的总体安排与部署。2018 年是《国家知识产权战略纲要》颁布

实施的第十年。“培育知识产权文化”是战略的重点内容之一，并以“广泛开展知识产权普及型教育，制定并实施全国中小学知识产权普及教育计划，将知识产权内容纳入中小学教育课程体系”作为战略举措。国家知识产权局和教育部在 2015 年启动了中小学知识产权教育试点示范工作，截至 2018 年已确定了国家级中小学知识产权试点学校 112 所，各个省市也全面推广，使学生从小形成尊重知识、崇尚创新、保护知识产权的意识，并充分发挥辐射带动作用，形成“教育一个学生，影响一个家庭，带动整个社会”的局面，增强全社会的知识产权意识。我国加强中小学知识产权教育工作的努力和成效，也得到了国际社会的关注与认可。

（二）建立中小学知识产权教育专业师资队伍，教育全阶段设置知识产权课程

目前全国已经确定了 112 所中小学知识产权试点学校，这些学校之所以能够考核通过、申报成功，与学校拥有一支能熟练开展发明创造和知识产权教育工作的专、兼职师资队伍密切相关，基于此，我们考虑在这样的师资群体中，支持、鼓励知识产权工作者短期的到别的省市区域进行指导，开展教学，举办讲座，推广经验，形成“老师教育学生，学生带动地区，进而影响整个社会”的新局面。教育全阶段设置知识产权课程。知识产权人才的培养绝对不是一蹴而就的，需要数十年的积淀，甚至与教育目标无关，仅仅是教育规律带来的意外收获。为满足国家经济和社会发展对知识产权专业人才的需求，我国近年来积极鼓励和引导高校设置知识产权相关专业或知识产权学院对接中小学教育，全国

已有 76 所高校在本科阶段设置了知识产权专业，[1] 部分高校设置了知识产权学院。由此可见，知识产权教育目前主要在高等教育课程体系开展，中小学、高中仅是涉猎，并不与专业性相适应，而且在数量上、规模上都与国内庞大的市场需求脱节。一方面由于知识产权本身偏应用性，专利、商标、版权、集成电路等专业化程度极高，学生们年龄小，理解困难；另一方面知识产权是在知识产权法的角度开展学习的，知识产权人才在知识产权法的基础上才能走得更远，视野思路更开阔。目前的这种情况导致了学生本科阶段将必修知识产权法上出了选修课的效果，原因就在于学生在接受高等教育之前并未感受知识产权，或者因知识产权过于晦涩没有兴趣深入了解。本科突然去应用知识产权法，对于深奥、专业的法律术语根本不能解释，案例分析时，法律规定与案件事实涵摄不能。中小学知识产权教育刚好可以弥补这种缺憾。在小学阶段结合小学生奇思妙想、创意创新浓厚的特点，教材可以生动、形象地启蒙小学生这种知识产权意识；在初中阶段，中学生有了一定的动手操作实验能力，加上老师学习的引导鼓励，可以侧重于工科、理性思维能力的培养，在通用教材中适当地加入《中华人民共和国著作权法》《中华人民共和国商标法》《中华人民共和国专利法》的原则性、共性知识；高中阶段较为关键的是高考，不得不承认，对于我们这样的教育大国，我们的人才红利释放还远远不够。

---

〔1〕 数据来源：2018 年 3 月 15 日，教育部《关于公布 2017 年度普通高等学校本科专业备案和审批结果的通知》，该通知中新增 5 所高校获批知识产权本科专业，现共计 76 所。

（三）统一中小学知识产权教材，探索中小学知识产权线上教育

教材是一课之本，统一教材是培养IP人才共同体的应有之举，但目前各地中小学知识产权教育的教材参差不齐，我们可以有选择地借鉴他国教材，针对不同阶段的中小学生编订符合各自学习特点的学习教材，因材施教，循序渐进，形成科学的教材体系。以高等教育知识产权教材为基调，用未来的、发展视角审视当下，使统编中小学知识产权教材与中高级知识产权教育衔接，进而让IP人才共同体有相同的话语体系、共通的逻辑思维。关于探索线上教育，线上教育目前实践比较好的有慕课、翻转课堂，慕课主要解决教学资源问题，翻转课堂是学生在课外观看教学视频，减轻课外应试教学负担，在课堂上就观看视频深化讨论，教师引导学生探索创新、动手实践。“慕课+翻转课堂”这种线上教育模式能解决师资短缺、教学水平参差不齐的问题。目前，教育的公平问题核心是信息的获取，不同地区了解信息难易程度差别较大，中西部地区的中小学生与经济较发达地区中小学生接触的信息不对称，这是当前促进教育公平需要解决的首要问题。互联网革命产生的“ABCD+T”技术，对社会的各行各业产生巨大冲击，中小学教育领域自然概莫能外，充分借助现代科技手段是可以促进教育的机会公平。

（四）增加投入，奖惩合一，增加中小学知识产权教育试点学校

根据考核申报要求，申报学校要定期开展知识产权教育，鼓励和支持学生创新成果的知识产权保护，同时利用学校网络、宣传橱窗、墙报、校报等平台，发挥学生团体的积极作用，深入开

展知识产权体验教育和实践活动，适时组织试点、示范学校师生开展国内外知识产权教育交流活动。各试点、示范学校应建立和健全知识产权教育工作体系，使知识产权教育成为学生素质教育的有机组成部分，形成教学有师资、学习有课时、体验有平台、创新有激励的良好氛围，确保师生知识产权意识和能力得到显著提高。在教育经费倾斜上，国家要加大对知识产权基础教育的投入，地方政府配套奖励中小学知识产权教育做得比较好的试点院校，对于试点院校在上一年度考核中不能达标的撤销试点资格。在奖惩合一的前提下，扩大试点范围。《全国中小学知识产权教育试点示范工作方案（试行）》目标设定到 2020 年，在全国建成 100 所知识产权教育工作体系较为完善，知识产权教育工作规范化、制度化，知识产权教育成效明显的“全国知识产权教育示范学校”。目前，已经确定了全国中小学知识产权试点学校 112 所，总量上已提前实现目标。未来两年，在现行制度基础上可以适当增加全国知识产权试点学校数量，并着重解决地区分布数量不均衡问题。北京市、山东省有 7 所试点学校，而甘肃省、青海省仅有 1 所，可以考虑对口帮扶，甚至可以借助中小学知识产权教育改革作为我国教育改革的试点领域，为后续中高级教育的更公平发展做铺垫。在教育资源方面，由于地区差异带来的人才、资源、产业分布不均，短期内通过优胜劣汰的纯竞争机制使经济欠发达地区具有滞后性，故在当下知识产权兴国的大背景下，应当加强政策的统一，由国家考核，地方落实，资金不再由地方政府统管，设置单独的知识产权战略兴国领导小组，统筹分配资金，根据各地实际情况，实质性地促进基础教育的公平。

（五）借鉴国外知识产权人才教育的培养经验

在美国，知识产权传统上与法律具有强烈的关联，教授知识产权的唯一机构是法学院。首先，美国高校知识产权人才培养目标明确，很多时候美国是把知识产权教育作为职业教育，学生入学之前对自己的学习生涯、职业生涯都已经有了较清晰的规划。其次，在课程设置上，美国知识产权专业除了讲授法学基础课程以外，注重将实践中的问题引入课堂。这主要体现在选修课上，选修课是根据美国科技与知识产权政策的调整而开设，根据学校的传统特点，课程包括了娱乐法、传统知识保护、电子商务、网络法等内容。不管是必修课还是选修课，课堂教学的材料主要来自于美国司法实践中的知识产权案例，学生可以通过课程的学习提前为职业做好准备。最后，在师资上，美国知识产权专业多是兼职教师，他们有着丰富的实践经验，因此可以在课堂上给学生带来一线的实践体验。

在日本，自然资源的匮乏使其有着深深的忧患意识，整个社会很重视知识产权文化的培养。在具体的教育中，日本从小学就开始普及知识产权教育。在高等教育方面，日本一方面促进大学开办法学研究生院、知识产权专门人员研究生院、开设技术经营专业课程、开办法学研究生院夜校、增加晚间知识产权讲座；另一方面加强法学研究生院的知识产权教育，促进法学研究生院与理科研究生院联合培养既具有科技素养又有法学素养的知识产权人才。另外，在课程设置上，日本知识产权专业本科生和研究生的课程涉及法学、理工科学等方面的知识，注重课程的产学结合。在课堂上，也是由具有丰富实践经验的教师讲授。日本政府还出资联合知识产权研究会、发明协会等社会组织，撰写与编辑出版了许多针对不同人群的知识产权教材与教辅，实施有针对性的知识产权全民教育。正是日本创造性模仿策略使得日本成为世界上知识产权战略最成功的国家。希望我国中小学知识产权教育改革能借鉴国外的经验，在新一轮国际竞争中占据制高点。

四、结语

人才是一切的基础，中小学知识产权教育是培育知识产权人才的基础，发展中小学知识产权教育，社会普遍重视是前提，制度顶层设计是关键，培育知识产权文化是必要保证。基于目前中小学知识产权基础教育先试点后推广的由点及面模式，后续中小学知识产权教育需要在规范性、系统性、稳定性、持续性等方面有所强化。数字信息时代，科技创新和文化创意活动日益活跃，人类的生产方式和生活方式发生着深刻、持续变革，知识产权成为经济社会发展的重要驱动力量，知识产权教育是知识产权意识、知识产权文化、知识产权制度、知识产权经济的根基。中小学知识产权教育更是国家教育的基础性、战略性人才资源，培育和发展中小学知识产权优势是增强国家综合实力、稳定提高国家创新力、竞争力的重大举措。中小学知识产权教育是培育民族知识产权文化意识的最佳阶段，做好中小学知识产权教育，可以为培育 IP 人才共同体播下种子，为新时代知识产权国家战略建设培育人才，为我们民族企业走向世界保驾护航。2020 年实现知识产权教育强国，实现中国知识产权事业的“中国梦”，这是中华民族伟大复兴中国梦的重要组成部分。办好中小学知识产权教育将为实现国家富强、民族振兴、人民幸福的中国梦提供更加有力的支撑。

理工科背景下“知识产权实训”课程设计与实践*

◎周治德**

摘　要：知识产权实务是联系法律与实务的重要桥梁。在理工科背景下，落实“理论—实践—塑造”教学理论，转变教学观念，制定知识产权实训课程，加强师资队伍建设，建立“中心实训室”，设计知识产权模拟教学、专利检索分析、专利管理等软件模块，编写配套的《知识产权实训指导书》，进行实训教学与实践。结果证明，开设知识产权实训课程效果显著，是知识产权专业教学改革的有益探索，为知识产权专业教学改革提

* 基金项目：省级，2018 年度，“广西科技发展战略研究专项”，项目编号：桂科 ZL18077014；省级，2018 年度，“广西教改项目‘一带一路’理工科背景下《知识产权实务》的教学改革与实践”，编号：2018JGB195。

** 周治德，桂林电子科技大学，高工，厦门大学博士，主要从事知识产权实务研究。

供了宝贵经验。

关键词： 理工科背景　知识产权实训　教学改革实践

一、引言

国家实施知识产权战略，中共中央、国务院《关于深化体制机制改革加快实施创新驱动发展战略的若干意见》，提出坚持人才为先，要把人才作为创新的第一资源。国务院《关于新形势下加快知识产权强国建设的若干意见》（国发〔2015〕71号）、教育部、科技部《关于加强高等学校科技成果转移转化工作的若干意见》（教技〔2016〕3号），进一步明确要加强知识产权专业人才队伍建设，提高知识产权人才素质。素质教育的一个重要目标就是要充分发挥每个人的潜能，教育部启动了"高等学校本科教学质量与教学革工程"，以全面提高本科教学质量。当今高校知识产权专业教育，大多处于法律基础教学阶段，导致重理论、轻实务现象，学生了解知识产权法律的基本理论知识，缺乏解决知识产权实际问题的能力。知识产权实务教学过程是一个培养学生动手、动眼、动脑的过程，可以发掘学生较大的潜能。通过实训教学，可以培养学生的好奇心、兴趣爱好，激发他们的求知欲，使学生对学习产生兴趣和需要，更重要的是培养学生的实验操作技能，以及观察问题、分析问题和解决问题的能力，从而能够较全面地提高学生的基本素质。[1]

---

〔1〕 刘秀：《官产学研合作视野下知识产权专业实践教学创新研究》，载《重庆理工大学学报（社会科学）》2013年第1期。

二、国内外研究现状

陶行知的生活教育理论主张“生活即教育”“社会即学校”“教学做合一”，强调教育要与学校结合、要与生活结合，要“理论联系实际”。社会法学派的霍姆斯大法官曾说：“法律的生命不在于逻辑，而在于经验”。知识产权专业学生可以从事公、检、法及相关职业，还可以在专利、商标事务所从事代理业务，或在版权局、商标局、专利局、科技局等部门从事知识产权管理工作[1]。郭秋梅对“知识产权法”课程进行调查，有93%的学生认为“知识产权法”需要增加教学实践课，深入学习知识产权案例、知识产权战略、知识产权管理等知识，88%的学生认为在学习“专利法”时需要详细了解专利申请案例分析等实践内容，93%的学生认为案例分析教学学时占40%左右比较好，79%的学生认为案例分析课最好穿插在每个章节之中，单独分析讨论比较。这些数据说明了实践教学的重要性。[2]

从国外的研究情况看，19世纪末至20世纪初，一些国家开始重视实践教学，并形成了相应的教育学派。其中杜威的实验教学体系，不仅在西方国家的教育中发挥了重要作用并得到迅速发展，而且为中国教育带来了一种全新的教育教学模式。

美国大学本科没有知识产权专业，该专业被放在研究生层次上。学生在获得非法学专业本科学位以后，参加法学院入学考试才可以攻读知识产权专业硕士学位；这样设置有利于培养复合型

---

〔1〕 胡丽：《“双师教学”模式在知识产权实践教学中的应用与推广》，载《法制与经济》2018年第4期。

〔2〕 郭秋梅：《“知识产权法”课程调查分析与教学改革实践》，载《西安建筑科技大学学报（社会科学版）》2008年第1期。

的中高级知识产权人才[1]。美国加州大学伯克利分校知识产权课程采取了多种多样的教学方式和方法，如研讨会、模拟练习、实务实习、邀请行业专家与时事专家进行案例教学、公开发表文章等。除上述形式外，“新罕布什尔大学的在线品牌管理”“哈佛大学的版权和商标诉讼”，在知识产权课堂中还增加了口头辩论、课堂演讲等授课形式[2]。

在英国，许多学校主要采用案例教学模式，通过案件，建立师生间的问答和交流，让学生充分掌握知识产权法律相关知识点，重视知识产权案例教学[3]。

我国高校知识产权人才培养已有三十多年，成绩明显，尤其在培养知识产权法学人才方面人才辈出，但是企业急需的知识产权经营管理实务人才较为匮乏，大中型企业、高新企业等迫切需要的是善管理、能经营的知识产权经营人才，中小企业乃至小微企业等当前尤其迫切需要的是会操作、能动手的知识产权操作人才。《2017 上半年度知识产权人才数据分析报告》显示，2017 年 6 月，专利类人才的岗位需求占全部知识产权类岗位的 30.93%，而法务类岗位占 20.76%，与目前高校的人才培养形成了倒挂。[4] 实体行业提供的知识产权类岗位数量超过了中介类行业所提供的岗位，“足见知识产权就是一门实践性的应用型学科”，

---

〔1〕 曹新明、叶霖：《借鉴美国经验以完善理工背景知识产权人才培养模式》，载《工业和信息化教育》2018 年第 2 期。

〔2〕 张冬梅、陶鑫良：《我国理工背景知识产权人才培养的沿革与建言》，载《工业和信息化教育》2018 年第 2 期。

〔3〕 蒋莉：《英国知识产权教育的经验以及对中国的启示》，载《教育教学论坛》2018 年第 15 期。

〔4〕 郭晓梅、栾春娟：《中美知识产权课程设置比较及启示》，载《工业和信息化教育》2018 年第 2 期。

未来对于知识产权人才的需求主要在企业，企业更加需要实务化、技能化的知识产权人才。陶鑫良等人认为，我国高校应当主要在博士研究生、硕士研究生、本科生组成的在学层面上和通过“国家知识产权人才培训基地”等在职层面上，通过在学教育与继续教育双管齐下，培养社会需求的知识产权应用专业人才〔1〕。西南政法大学总结知识产权实践教学存在的问题有实践教学流于形式、方法单一、创新实践不够。〔2〕

目前来说，我国知识产权法学习模式，仍以教师讲授为主，学生主动思考和实际操作的机会较少，学生仍是被动地接受知识，这一定程度上限制了学生自我创新的能力，不利于学生的全面培养。应借鉴和吸收美国、英国案例教学的模式，在教学过程中，不仅注重对纯粹理论知识的掌握，更要注重通过具体案例让学生掌握相关的法律概念，训练法科学生独有的批判性思维模式，增强学生处理具体问题的能力。

在“一带一路”、理工科特色鲜明的高校背景下，桂林电子科技大学针对广西区域优势以及广西高校专业布局的情况下设置知识产权专业，并于2016年5月成立广西第一家独立的知识产权学院。“知识产权实务”课程是培养实务操作、管理和解决知识产权实际问题能力，是实现法学向复合型人才转变的实践课程。我们从2013级学生开始，开设“知识产权实务”理论课程，效果并不理想，原因主要在于：偏重理论教学环节，实务环节薄弱，实务教学手段单一，理论不能联系实际。实训所需的硬件、

〔1〕 陶鑫良、张冬梅：《我国知识产权人才培养与学科建设的沿革回顾与发展建言》，载《中国发明与专利》2018年第4期。

〔2〕 黄汇、石超然：《知识产权复合型人才培养实践教学创新研究——以西南政法大学为例》，载《工业和信息化教育》2018年第2期。

软件和设备、设施不完备，实务教学内容简单。针对问题，以“知识产权实务”教学改革为基点，以学校特色鲜明的理工科背景为依托，以理论课程与实务课程中重复与交叉的内容进行整合为核心，我们对课程设计进行重建，建立“知识产权实训室”，开设“知识产权实训”课程。其意义体现在几个方面：一是可以完善知识产权实务教学的体系，强化实践教学的理念；二是促进理论学习与实践活动的融合，强化应用能力培养；三是改革知识产权实务教学内容和方法，构建层次递进的立体化实践教学模式。

三、改革的主要内容

（一）构建实务教学与理论教学相互促进的教学体系

针对知识产权专业强调培养复合型人才的特点，贯彻“重基础、宽口径、强实践、长应用”的十二字方针，构建和优化知识产权专业教学体系。由于理工科背景下的知识产权实务课程具有法律和技术相结合的特殊性，我们按照“熟悉—模拟—实战”三个步骤，设计并开设“知识产权实训”课程。按照理工科专业实验指导书的原理和流程，我们建立知识产权实训室，具体措施如下：知识产权模拟训练实验室 2 间，面积共 150 平方米，购置电脑 108 台，电脑升降机 36 台，投影仪 2 部，可同时供 100 多人在机实训操作。购买建立知识产权教学软件，包括知识产权模拟教学软件、专利检索分析教学软件、知识产权管理软件。增开“知识产权实训”课程，配套编写知识产权实训指导书，开展一系列实训教学。以实务教学体系的创新为突破口，将理论传授、实务操作、社会实践融合，是教育理论“理论—实践—塑造”落实并形成闭合循环。通过知识产权实训培养，学生通过计算机网络，从理论知识、知识要点、操作提示、操作流程步骤、案例分析、案例模拟、学习交流、考试、反馈等环节，将实务教学和理论课程紧密衔接，理论运用与实务能力相互促进。系统分析知识传授、理论教学与学生实务操作结合的方式方法，针对本课程涉及的各项知识产权比如专利、商标、著作权等，将实务课程设计进行分析和整合，改革教学内容。针对不同的学生来源，我们分成两种教学模式。对于以文科生为主的知识产权专业本科生，知识产权实务课程教学以企业知识产权战略管理为主，包括知识产权战略管理；专利分析、布局、申请和运用；企业商标实务；企业著作权管理实务、商业秘密管理实务。以企业专利管理办法范本来讲述和讨论，突出实务“管理”特色，突出我国与东盟国家实务的特点。对于理工科背景的双学位知识产权专业学生，由于具有我校特色鲜明的理工科专业背景基础，知识产权实务以操作、代理为主，主要内容是讲授专利撰写技巧、专利审查要点、专利许可转让、专利维权等，突出知识产权实务“操作、代理”特色，结课以桂电特色的电子信息设备案例操作为主。将知识产权理论和知识产权实务有机结合起来，采用以“设计方法”为中心，淡化“理论考试”的教学方式。同时依托知识产权专业校内校外实践教学基地，建立理论学习、实务操作、社会实践以及毕业设计等层次递进的教学模式。

（二）设计“知识产权实训”教学内容和方法，构建层次递进的教学模式

针对知识产权实务特点，在知识产权实训室首先开发三个教学模块。

1. 建立知识产权模拟教学中心

和某信息服务公司合作，建立知识产权模拟教学中心，首期建设专利法知识和专利流程的模拟教学系统，主要功能有：登录页，注册信息，进入展示模块。为了规范和管理实训教学，我们设置了用户名和密码，老师/学生注册信息，用自己的用户名和密码登录，选择点击进入课程中心。课程中心有课程管理、考勤管理、成绩管理、资源管理、实验模拟等模块。课程管理模块是课程维护、查看课程，开设课程。管理者、老师和学生的权限不一样。老师以课程模板开设课程，学生申请加入，便于课程开设、管理和共享。考勤管理包括考勤记录、考勤统计，显示指定上课时间范围内学生考勤的统计，有无旷课现象；学生签上课后直接参与课程学习，下课后签下课，学生能查看自己的考勤记录。

成绩管理是各项成绩及综合成绩分析，有考勤成绩、实验成绩、单个课程、指定时间范围内实验成绩、考试成绩平均分，综合成绩。实训课后，上课师生很清楚地知道实训课的各项成绩。资源管理模块包含对知识库管理、案例库管理、视频库管理、文献库管理进行管理，可以进行资源上传，资源浏览，资源下载，资源查询，资源删除资源开放/关闭。教师可以选择将资源开放并通知学生学习，也可将属于自己添加的资源内容进行关闭，收到学生请求后单独开放。实验模拟教师流程决策：可任意添加、修改、删除流程中的步骤、审批人员参与方式，可以自定配置、支持消息实时提醒。流程的角色与流程状态关联，表达流程办理每个步骤的处理者角色，例如专利申请流程中需要由专利申请人、代理人、国家知识产权局审查员等角色参与。在本系统中，一个流程角色可能会参与到多种流程类型。专利流程模块，包括发明专利申请、实用新型专利申请、外观设计专利申请、专利检索、专利复审、专利无效宣告、专利侵权行政调处、专利实施许可、专利转让、专利质押贷款、专利提案内部审批、专利诉讼等环节。

学生在完成模拟实验之后，将自动生成实验报告提交，对实验过程的心得体会进行记录，老师对本次实验进行打分。实验报告可直接导出。考试管理包括各种考试信息，教师可查看、创建、发布、编辑和删除考试信息；可从试题库中自动抽取试题，也可手动将试题添加到考试的功能。发布考试时，设置考试开始时间和结束时间。学生收到发布的考试信息后，可在考试时间内进行考试答题。学生交卷或考试时间结束后，系统对客观题自动评分，主观题根据规则自动评分。教师可再一次进入手动修改得分。站内交流登录系统的用户可以向系统内的其他用户发送公开/非公开站内信，接收方在页面实时提醒接收新的站内信。同时系统设立留言板专区，用户可在此版块上公开交流，促进教学氛围。留言板可由教师进行开放/关闭，只适用于本堂课。学生实名制留言。该系统经过讨论、试用，已经修改完善多次，使用效果反应良好。

2. 建立专利检索与分析模块

包括专利检索、专利阅读、专利分析以及个人工作台功能。利用宽带网络、学校局域网、学校图书馆内知网等平台系统，选用不同的专利检索分析工具，进行专利检索分析。学生首先学习专利信息基本知识，然后学习如何利用检索工具和检索手段，检索专利文件，进一步分析专利信息。模块介绍多种程度的检索方式，包括智能检索、高级检索、分类检索、法律状态检索和批量检索，最大程度的方便专利检索；通过专利阅读可对专利基本信息进行阅读，包括题录信息、摘要及附图、权利要求、法律状态、引证信息、同族信息；通过关键字对专利进行检索后，对检索结果可以进行分析。介绍专利检索常用的十八个网站，最常用网站如下：

（1）中国专利公布公告网，网址：http：//epub. sipo. gov. cn/.

按照发明公布、发明授权、实用新型和外观设计四种公布公告数据进行查询，包括中国专利公布公告信息，实质审查生效、专利权终止、专利权转移、著录事项变更等事务数据信息。该网站包含自 1985 年 9 月 10 日以来公布公告的全部中国专利信息。

（2）专利检索及分析网，网址：http：//www. pss－system. gov. cn/.

具有分析功能，能快速分析、定制分析、高级分析、生成分析报告等。该网站收录了 103 个国家、地区和组织的专利数据，以及引文、同族、法律状态等数据信息。

（3）中国及多国专利审查信息查询，网址：http：//cpquery. sipo. gov. cn/.

包括中国国家知识产权局、欧洲专利局、日本特许厅、韩国特许厅、美国专利商标局受理的发明专利申请及审查信息。

（4）专利信息服务平台，网址：http：//search. cnipr. com/.

该系统支持中国专利全文、失效及运营信息等专业检索，用户可以定义私有的专利库实时监控最新的专利变化，针对英文专利，特别开发了机器翻译模块，能对检索到的英文专利进行即时翻译。

还有国家重点产业专利信息服务平台、中国专利网、各地方知识产权局官网、付费专利检索分析网站。

检索分析模拟练习可以让学生尽快了解、掌握专利文献的检索与分析，为以后工作打下基础。

3. 建立专利管理实验教学系统

我们和深圳某科技公司合作，建立专利管理实验教学系统，帮助学生学会专利管理方法，学会在科研活动中快捷获取技术信息、掌握并跟踪本技术领域的技术动态；帮助知识产权管理人员，掌握专利技术布局热点，为保护研发创新成果，跟踪最新法律状态，预防各类知识产权风险。为了规范和管理专利实训教学，我们设置了用户名和密码，教师和学生注册信息，用自己的用户名和密码在登录页登陆专利管理实验教学系统，点击进入实训中心。先将学校目前所有申请的专利资料和信息录入，作为专利管理对象，体现理工科背景和电子信息专业特色。管理模块主要功能有提案评审、专利咨询、技术秘密、专利申请、委托案件、工作台管理、年费缴纳、流程设计、数据权限、期限管理等，这是按照目前大型企业专利管理模式来设计的。提案评审包括全流程化管理专利提案，挖掘专利案源，完成线上评审与评价汇总，形成专利申请，并可查看该提案申请了多少条专利。专利咨询包括解决用户在专利检索、专利申请、专利调查等方面的业务咨询。技术方案挖掘以后，根据需要决定是申请专利还是作为技术秘密。对技术秘密集中管理不做专利申请，但又能为权利人带来利益的技术信息，通过授权管控特定用户才能访问。专利申请包括国家/PCT申请的业务流程、进度监控、官文答复、费用缴纳、奖励、资助管理等全过程管理。关联申请是对已创建的专利，可进行克隆专利、分案申请、PCT 申请、优先权申请、相同主题申请、巴黎公约申请等关联业务申请操作，并自动关联互为同族专利。委托案件模块，可在线委托案件撰写核稿、OA 答复等业务，系统自动发送邮件提醒。工作台管理包括待办任务、期限提醒、费用清单等，方便专利管理人员有效监控学校所有专利案件业务，提升工作效率，规避工作遗漏：年费缴纳指专利年费期限监控与提醒，年费批量续费并可导出账单明细；统计分析与数据表导出包括申请授权量、状态类型、发明人、历年汇总等，便于学校领导查看与统计，掌控学校专利的全局信息；数据查询，支持一键按案件类型、状态、申请国等“分组”筛选数据，并可记忆上次操作。还设置了数据权限，各学院领导可以访问各自学院提交的数据。期限管理，支持监控专利优先权申请、实审、PCT 进入国家、专利资助等期限提醒。附件管理及导出，设置集中管理专利全过程中的各类文档，支持在线阅读、上传及下载，并支持按文件类型批量导出附件，如：专利申请文件、受理通知书、证书文档。专利运营模块，可进行专利许可、转让、诉讼、质押评估等业务管理，实现专利权生命周期管理，专利运营关联专利本身。专利管理模块经过讨论、多次修改，在使用中不断完善，使用效果良好，缺点就是要人工手动补录新申请的专利信息。

（三）编写《知识产权实训指导书》

为了帮助学生尽快熟悉知识产权实训教学软件，我们提供了电子版软件操作说明书，包括适用对象、文档结构、使用环境；然后是软件功能详细说明，包括登录，账号注册；接下来是操作流程，包括课程管理、试验项目、教材学习、考试管理、信息中心、资源中心、考试系统。还设计了简单的操作步骤，打印出来放在每台电脑桌上。为了直观学习，我们还录制系统操作视频，放在电脑系统主页上，学生可以先看视频熟悉操作，也可以一边看视频，一边操作系统，学会账号注册、登陆、学习操作步骤。学会操作教学软件系统以后，最核心的就是具体实训内容。软件信息公司按照需求将系统功能设计好以后，具体的内容需要知识产权实务的老师来编写。为了体现“理论—实践—塑造”闭环教学理论，突出知识产权实务，我们有针对性编写了《知识产权实训指导书》，类似于工科专业的《实验指导书》。在理论课程“专利法学”“知识产权实务”“专利文献检索”“专利文件撰写”“专利审查”“知识产权判解研究”的基础上，我们编制的《知识产权实训指导书》，主要模拟专利实训流程，设置专利法基本知识、撰写技术交底书模块、专利文献检索模块、专利文件撰写模块、专利申报流程模块、专利维权、诉讼模块、法律文书撰写、实训报告模块等等。为了便于安排实训课程进度和知识点，我们将每次实训内容设计为实训单元操作，每个实训单元操作按照统一模式，由实训目的、基本原理与法条、基本要求与案例、实训操作步骤、思考题五个部分组成，后面还附实训报告。比如，实训一为专利法基本知识，实训目的是了解专利法基本知识，掌握知识产权实验室操作。基本原理与法条是专利法、专利法实施细则、专利审查指南的基本知识点，以便学生了解、掌握专利代理人考试要求及题型。实验操作步骤是了解、掌握知识产权法相关考题。思考题为专利代理人考试大纲是什么。又如，实训二专利技术交底书，实训目的是了解专利法技术交底书的基本知识，掌握专利技术交底书的撰写方法。基本原理与法条是专利法及专利审查指南要求，专利申报的文件撰写要求。基本要求与案例是掌握专利技术交底书的格式要求，了解专利技术交底书的撰写要求，附有机械、电学、化学不同领域的具体案例。实训操作步骤是按专利技术交底书撰写要求，分步学习专利技术交底书的每个环节要求和注意事项；查看专利技术交底书案例示范；按找软件格式要求完成一份专利技术交底书的撰写，不会写时看案例，附实训报告。思考题，如何撰写质量好的技术交底书。在理论课的基础上，利用知识产权实训中心，结合这样有针对性的《知识产权实训指导书》，落实“熟悉—模拟—实战”三个步骤，践行“理论—实践—塑造”教学理论，学生实训课程教学质量显著提高。

（四）加强实务教学师资队伍建设

通过引进和培养等方式，培养和形成具有知识产权实务教学理念、较高理论教学水平、较强实务能力的知识产权专业专职教师队伍，是搞好知识产权实训课程教学的关键。要想践行“理论—实践—塑造”教学理论，落实“法律的生命不在于逻辑，而在于经验”，引导学生深入学习知识产权案例、知识产权战略、知识产权管理等知识，充分利用教学软件。编写并完善配套的《知识产权实训指导书》，需要教师具有很强知识产权实务能力，熟悉企业、学校、专利事务所、知识产权管理机构对专利法和专利实务的要求。在专利法学等理论课的基础上，抓住重点，收集案例，按照实验指导书的模式编写知识产权实训指导书，还要熟悉知识产权软件操作系统，对教师队伍的要求很高，短时间内师资力量达到高水准难度非常大，因此要加大培训、培养力度，逐步形成具有知识产权实务经验、有专利代理人资格的复合型人才队伍。另外加强“政产学研”合作，通过聘请法院、检察院、知识产权局、专利商标事务所等单位的知识产权专业人才，聘请有丰富实务经验的校外专家来实践指导，作为知识产权实务教学的补充。同时，承接对外知识产权培训、专利代理人考试培训，突出理工科背景的知识产权专业特色，突出知识产权实务“理论—实践—塑造”特色，提高知识产权专业师生专利实务水平，师生共同服务社会。

民商法课程体系：经验与改革方向[*]

◎张志坡[**]

摘　要：课程体系关系到教育的实效。民商法在法学教育中居于核心和基础地位，研究民商法课程体系有重要意义。南开大学法学院于2018年修订了法学课程体系，但仍有不足。东京大学、京都大学、台湾大学、台北大学和清华大学是各法域内一流的大学，有一流的法（律）学院，其民商法课程体系值得研究，其存在的共性在某种程度上代表着更为合理的安排。民商法课程必修课比重高、重民法、多演习等诸多方面值得南开大学法学院学习，并可供其他法学院参考。

关键词：民商法　课程体系　必修课　课时　演习

---

*　本文为2018年度南开大学本科教学改革与教学建设项目“民商法课程体系改革研究”的最终成果。

**　张志坡，男，法学博士，南开大学法学院副教授，硕士生导师。

改革方向

一、绪论

法学由民商法、刑法、行政法等诸多法律学门构成，而民商法在诸法律学门中则居于特殊的地位。其之所以特殊，主要是因为：①民法乃万法之母，诸法之基，民法的诸多原理甚至是宪法的精神之所在，只有理解了民法的精神，才能更好地把握宪法的精神，并将宪法的理念反哺于其他法律学门。②民法是诸法律学门中的基础性学科，其与诸多学科之间存在着千丝万缕的联系，民法根基不牢，则其他学科的研究均会受到某种不利的影响。③民法是市民社会的根本法，民商法与我们的生活密切相关，是最具有烟火气息的法律学门，其具有极大的实用性。因此，对民商法予以高度重视，实有必要。在此背景下，民商法课程体系的设计安排，在某种程度上便关乎着法学教育的成败。

本文从南开大学法学院现行的民商法课程体系出发，在对其作出初步评价的基础上，拟考察几所著名综合性大学的民商法课程设置情况，透过观察总结其特点、规律和经验，最后提出民商法课程体系改革的方案，希望可以为南开大学法学院甚至我国更广泛领域内的民商法课程设置提供某种参考，以取得更好的教学效果，更好地实现法学教育的目标。[1]

二、南开大学民商法课程体系

（一）范围界定

本研究中南开大学民商法课程体系，指的是本科教学体系，

〔1〕 感谢台湾地区真理大学法律学系蔡钟庆助理教授、南开大学法学院孔令苇副教授、本科办赵红、张晶晶老师对本文写作过程的支持。

而不包括硕士或者博士研究生的课程体系。之所以如此限定，一是考虑到本科的民商法课程体系更具有基础性、根本性、共同性；二是出于研究重心、集中论述的考虑，而非硕士或者博士生的课程体系不重要，对于硕士或者博士生的课程当另文讨论。此外，所谓民商法课程，从广义上说，甚至可以包括民事诉讼法、经济法、国际私法、国际商法等课程，但这些大多已经归入相应的诉讼法、经济法和国际法系列课程体系，因此，本研究遵此成例。

（二）课程体系

南开大学的民商法课程体系近期才刚刚做过调整，考虑到选课的情况等诸多因素，最终确定了如下的课程体系（参见表 1 和表 2）[1]。

表 1　南开大学法学必修课

课程组别	课程名称	学　分	开课学期
民　法	民法学（总论）	2	2
	民法学（物权法）	2	3
	民法学（债权法）	3	4
商　法	商法总论（公司法）	2	4
知识产权法	知识产权法	3	5

〔1〕 笔者根据南开大学本科-普通本科-法学院法学专业培养方案（2018）制作。

表2 南开大学法学选修课

课程组别	课程名称	学 分	开课学期
民 法	侵权法	2	6
	婚姻家庭法与继承法	3	5
	劳动法	2	7
商 法	外国商法	2	6
	比较公司法	2	5
	证券法	2	5
	信托与投资基金法	2	6
	破产法	2	6
	票据法	2	7
	保险法	2	6
	海商法	2	6
知识产权法	知识产权国际保护	2	7
演 习	民法案例评析	2	待定
	民商事诉讼代理实务	1.5	待定

根据学生修习的选择权，课程分为专业必修和专业选修，其中，专业必修课5门，其中民法3门、商法1门、知识产权法1门，共12个学分（周课时同）；选修课则共有14门课，其中民法3门，商法8门、知识产权法1门、实务课程2门，共28.5个学分，但是否修习、修习哪些课程则完全取决于学生个人，实际上，在法学院的历史上，有些课程曾因选修人数过少而无法开设，例如外国商法。

需要说明的是，商法总论（公司法）是2018年新增加的必须课，以前的版本中商法并无必修的内容；而在法学双学位的课程中，商法Ⅰ（商法总论·公司法）和商法Ⅱ（证券·票据·保险）则是必修课。这造成的奇怪结果是，法学本科生居然很多人没有学习过公司法，更不知道证券法关涉哪些问题；而非法学专业的学生却较为系统地学习过。这从笔者最近三年就南开大学民商法研究生的调查情况得到证实，本科阶段修习过公司法的人每届几乎只有一两个，多时也不超过三个，证券法则根本没有人修习过，这大大增加了研究生商法课程开设的难度。这与各大学本科法学课程设置存在着直接的关系。实际上，从商法的重要性来看，以前的做法确实不妥，需要改进。

就选修课而言，劳动法是否为民商法的课程体系之一，可能存在疑问，事实上，南开大学并未将其纳入民商法课程体系当中；但如果考虑到劳动法是雇佣合同的专门立法，则其属于民商法当无疑问；〔1〕另外，海商法尽管是商法的传统和核心内容之一，〔2〕但目前主要由国际法或者国际经济法专业的老师负责授课，而未纳入民商法课程体系当中来。商法的选修课，内容较为丰富，几乎涵盖了所有的商法子部门，公司、证券、票据、破产、保险、海商、信托均包括在内，而外国商法和比较公司法则属于比较商法的课程，有助于开拓学生的视野，在比较中更好地理解和把握中国自己的商法。由于商法具有更强的国际统一性，这种比较法的课程便具有特别的意义。就实务课程而言，既有一般意义上的案例分析，又有律师开设的民商事案例代理实务，这种配合值得肯定，站在执业一线的律师可以提供一些鲜活的养料，以促成法学职业技能的提升（这也是南开大学法学专业培养

---

〔1〕 台湾大学法律学院陈聪富教授，明确指出劳工法属于传统型的民事特别法。参见陈聪富：《民法总则》，元照出版公司 2016 年版，第 21 页。

〔2〕 《德国商法典》《日本商法典》《韩国商法典》等均有海商编。

目标之一)。但一个2学分的民法案例分析是否已经足够，还很值得研究。下面将考察几所一流大学的民商法课程体系及安排，依次加以观察、分析，以供镜鉴之用。

三、一流大学民商法课程体系

(一)民商法教科书的体系化为民商法课程体系奠定基础

传统的法学教学主要是法学知识的系统传授，就此而言，现在仍然没有根本改变。这使得法学教学在一定程度上依赖于讲义或者教科书，教科书的体系化会直接影响着课程体系及其实施的可能性。我国较早时期的民商法教学基本就是三门课：民法、商法、知识产权法，在合同法较为成熟后，合同法独立开课，笔者所受的法学教育即是如此。在我国大陆民商法教科书的体系化和科学化方面，梁慧星教授、王利明教授做出了重要贡献。

梁慧星教授在接受易继明访谈时，谈道："1995年司法部法学教材编辑部的主任老沈打电话给我，说要编写一套民法教材。因为李岚清副总理指示，要编写一套现代化的法学教材。老沈问我什么叫现代化的民法教材。我回答说，日本的东京大学，我国台湾的台湾大学，他们的学生学什么，我们的学生就学什么，这样的教材就是现代化的教材。……我建议按照东京大学法学部的课程设置，把原来的民法学一门课分解为民法总论、物权法、债权总论、债权分论、亲属法、继承法六门课。……同时，我建议这套教材，每一本由一个学者来写。我们先看准哪个学者在这个领域居于领先地位，就请他来编写，不要再像(20世纪)80年代初的那套统编教材那样搞集体创作，一本书由一位作者、最多由两个作者编写。后来，请了王利明教授一起研究，王利明教授大体赞同这个方案，并且进一步建议把债权分论分解为侵权行为法和合同法，人格权也单独作为一本书。这样，原来的民法学一门课被分解为 8 门课，再加上知识产权法、公司法、票据法等，构成九五规划教材民商法系列共 14 本教材。"〔1〕 这一策划成就了我国第一套民商法系列教科书（"九五"规划高等学校法学教材"民商法系列"，参见表 3），这套书历经多次修订，在法学界产生了重大影响，这也大体上形成了我国大学法学院课程体系设置时的某种参考。

笔者以为，梁慧星教授的说法可以成立，东京大学、台湾大学作为日本和我国台湾地区最好的大学，拥有该等法域最好的法学院，他们的经验值得学习、并值得继续学习。因此，笔者拟定了研究计划，对东京大学法学院、京都大学法学院、台湾大学法律学院、台北大学法律学院〔2〕、清华大学法学院的课程进行了搜集研究，之所以选取这些大学，是因为这些大学都是综合性大学，而非专业法律院校，对一般的综合性大学法学院的课程体系设置更具有参考价值。下面几部分将依次展开。

---

〔1〕 对此的详细说明，参见易继明：《学问人生与人生的学问——访著名民法学家梁慧星教授》，载中国法学网，http：//www.iolaw.org.cn/showNews.asp？id=7667，最后访问日期：2019 年 1 月 24 日。

〔2〕 原计划拟研究政治大学的民商法课程体系，但由于在其官网查询未果，故最终研究的是台北大学民商法课程体系。

表3 “九五”规划高等学校法学教材“民商法系列”

课程组别	作　者	书　名	出版社	出版年（初版）
民　法	梁慧星	《民法总论》	法律出版社	1996
	王利明、杨立新、姚辉（编著）	《人格权法》	法律出版社	1997
	梁慧星、陈华彬	《物权法》	法律出版社	1997
	张广兴	《债法总论》	法律出版社	1997
	崔建远（主编）	《合同法》	法律出版社	1998
	王利明、杨立新（编著）	《侵权行为法》	法律出版社	1996
	杨大文（主编）	《亲属法》	法律出版社	1997
	郭明瑞、房绍坤（编著）	继承法	法律出版社	1996
知识产权法	郑成思	《知识产权法》	法律出版社	1997
商　法	方流芳	《公司法》	法律出版社	规划但未出版
	王志华	《证券交易法》	法律出版社	规划但未出版
	王卫国	《破产法》	法律出版社	规划但未出版
	谢怀栻	《票据法概论》	法律出版社	2006
	李玉泉	《保险法》	法律出版社	1997
	於世成、杨召南、汪淮江（编著）	《海商法》	法律出版社	1997

（二）东京大学民商法课程体系

根据东京大学法学部2016年的课表，笔者将其民商法课程体系整理如下（表4）：

表4　东京大学民商法（基础）课程体系

课程组别	课程名称（授课内容）	课　时	性　质
民　法	民法第1部总则物权	4	必修
	民法第2部债权各论	4	必修
	民法第3部债权总论担保物权	4	必修
	民法第4部亲属继承	4	选修
商　法	商法第1部公司法	4	必修
	商法第2部公司法后半部（融资重组）、商法总则、票据法	4	选修
	商法第3部商行为法、海商法、保险法（商交易法）	4	选修
特别法	劳动法	4	选修
	消费者法	2	选修
知识产权法	知识产权法	4	选修
特别讲义	金融商品交易法	2	选修
	亚洲商事法	2	选修
演　习	民法基础演习	2	必修

我们可以看出，民法四部、商法三部构成了日本东京大学民商法课程体系的基本内容，其课时量是28节，其中，民法第1部（总则物权）、民法第2部（债权各论）、民法第3部（债权总论担保物权）和商法第1部（公司法）是必修课，而民法第4部（亲属继承）、商法第2部［公司法后半部（融资重组）、商法总则、票据法］、商法第3部（商行为法、海商法、保险法）则是

选修课。从课时来看，其债法的内容大约是6课时，而且需要注意的是，侵权行为法是债法的重要组成部分，属于必修课的内容。从课程衔接、组合来看，其将总则、物权总论、用益物权合为民法第1部，将债法总论和担保物权合为民法第3部，是比较有特色的，〔1〕不过其第1部总则、物权是分两个学期上。实际上，日本学界经常将物权法与担保物权法并列使用，分开研究，形成了物权法、担保物权法并列的教科书体系，〔2〕甚至有些教科书直接命名为物权与担保物权法，〔3〕这似乎是在提醒我们，物权与担保物权存在着较大的差异，以至于我们需要差别对待。另外，内田贵教授将担保物权与债法总论合并置于一本教科书，这产生了很大的影响，而笔者认为，这种配置也具有相当的合理性，因为担保物权就是为债权服务的，将二者合并写作、讲授甚至可能会产生更好的效果。其民法第4部和商法第2部、第3部作为选修课，其涵盖内容较广，但不再进行分拆；其中的商法第3部属于商交易法的内容。此外的讲义课程则相对较少，其民法的基础演习为2学时。

此外，其还有人数加以限定的民法演习和商法演习课，很有

---

〔1〕 东京大学法学部内田贵教授的教科书即如此设计民法四部：《民法Ⅰ総則·物権総論》《民法Ⅱ債権各論》《民法Ⅲ債権総論·担保物権》《民法Ⅳ親族·相続》。

〔2〕 较早做此区分且影响较大的是法律学全集的编纂和我妻荣的著作，相关著作为［日］舟橋諄一：《物権法》（法律学全集18），有斐閣1964年版；［日］柚木馨的《担保物権法》（法律学全集19），有斐閣1958年版；［日］我妻荣：《民法研究Ⅲ——物権》，有斐閣1966年版；［日］我妻荣：《民法研究Ⅳ——担保物権》，有斐閣1967年版。较新的著作如［日］森泉章·武川幸嗣：《民法入門物権法》，日本評論社2006年版；［日］森泉章·武川幸嗣：《民法入門担保物権法》，日本評論社2005年版。

〔3〕 ［日］松尾弘、古积健三郎：《物権·担保物権法》，弘文堂2008年版；［日］安永正昭：《講義 物権·担保物権法》，有斐閣2014年版；渡边博己编：《物権·担保物権》，法律文化社2018年版。

特色。这些课程内容如下（参见表5）。可以看出，该类课程属于专题研讨课，其内容已经较为专业、精细，很多需要具备相关的专业知识为基础，例如“会社法诸问题课程”需要学习过商法第1部；有些课程要求某种特定的外国语达到一定的水平。该类演习课的比较法色彩较为浓厚，民事法和公司法均开设专门的比较法专题，此外，还有法国物权法、韩国民法的课程，以及专门为留学生开设的民法演习课。其上课人数基本限制10~20人以内，以保证该类课程的上课效果；只有韩国法研究课程人数上限是40人，这也是东京大学法学部所有演习课程中明示的最高人数。该课程由大村敦志和権澈二人合作开课，这门课程应该已经比较成熟，因为二人曾合作出版有该主题的专著。[1]

表5　东京大学民商法演习课程选修体系

课程名称	课程内容	选课人数要求
民法演习	作为人类学问的民法学 第二部分：给留学生的民法向导（4）	10~20
	民法：教学同步	10~20
	韩国法研究：以日韩民法比较为中心	40
	法国物权法原著解读	若干
	消费者法的理论与实务	15
	比较民事法研究	10
商法演习	企业法务（从股东、投资者的角度看企业）	20
	公司法的诸问题	若干
	比较公司法研究	10~15

〔1〕［日］大村敦志、権澈：《日韓比較民法序説》，有斐閣2010年版。

（三）京都大学民商法课程体系

根据京都大学法学部2018年授课时间表，笔者将其民商法课程的开设情况整理如下（表6）。

表6 京都大学民商法课程体系

课程组别	课程名称	课 时	上课时间	授课对象
民 法	民法第一部	4	10：30~12：00	二三年级
	民法第二部	4	10：30~12：00	二年级
	民法第三部	4	14：45~16：15	三四年级
	民法第四部	4	14：45~16：15	三四年级
商 法	商法第一部	4	10：30~12：00	三四年级
	商法第二部	4	10：30~12：00	三四年级
民法入门	家族与法	2	8：45~10：15	一年级
特别法	劳动法	4	10：30~12：00	三四年级
知识产权法	知识产权法	4	13：00~14：30	三四年级
特别讲义	破产法	2	13：00~14：30	三四年级
	金融法与银行实务	2	13：00~14：30	三四年级
	信托法的理论与实务	2	13：00~14：30	三四年级
	生命保险实务与法	2	13：00~14：30	三四年级
演 习	演习（民法） 10门	2	16：30~18：00	三四年级
	演习（商法） 4门	2	16：30~18：00	三四年级

分析该年度授课表，可以发现：其民法和商法的基础课与东京大学具有类似性，民法均分为四部，但其商法分为两部，较东京大学少一部；每部的课时均为4课时。因此，京都大学的民商

法基础课程共有 24 课时，其课时量还是相对较为充足的。在开课对象上，民法和商法的基础课六部分中，只有民法第二部是针对二年级开设，民法第一部是针对二三年级开设，其他民法各部和商法各部，均是针对三四年级学生开设，这值得关注。因为民法的内容错综复杂，开设太早效果反而并不好，对此，我们可以进一步思考。此外，“家族与法”的课程针对一年级开设，这种对比可以明显地感受到，哪个学年开设哪些课，京都大学应是经过审慎思考的。与东京大学类似，京都大学也开设有少量的特别讲义课程，并开设有充足的民法演习和商法演习课，其中民法演习课，全年开设 10 门，商法演习课，全年开设 4 门，这种力度凸显了京都大学法学院对此的高度重视。这些演习课程均是针对三四年级的学生开设。其开设可以与民法四部和商法两部的授课内容形成良性的互补。

应予重视的是，这些课程的授课时间。笔者发现，京都大学的民商法课程上课时间很有特点，所以一并在表 6 中有所揭示，那就是家族与法这类简单、与生活密切而又容易懂的课程安排在了早晨；而民法四部和商法两部均安排在了 10：30~12：00 和 14：45~16：15，这刚好错过了早晨和中午可能产生昏昏欲睡之感的时间；民法演习课和商法演习课则是傍晚的 16：30~18：00，换言之，其均在理论课之后的时间，学完理论刚好可以在下面的演习课程中操练。笔者以为，这种安排绝非偶然，应是京都大学法学院精心策划的结果，以个人的经验来看，这一安排堪称允当，值得学习。

（四）台湾大学民商法课程体系

根据台湾大学 2013 学年度后入学法律学系学士班应修学分

表，笔者整理其民商法课程体系信息如下（表7）。

表7 台湾大学民商法课程体系

课程组别	课程名称	学 分	开课对象	性 质
民 法	民法总则	3	一年级	必修
	民法债编总论一	3	一年级	必修
	民法债编总论二	3	二年级	必修
	民法债编各论	3	二年级	必修
	民法物权	3	二年级	必修
	民法身分法	3	二年级	必修
民事特别法	商事法总论及公司法	3	二年级	必修
	票据及支付工具法	2	三年级	必修
	证券交易法	2	三年级	必修
	公平交易法	2	三年级	必修
	劳动法	2	三年级	必修
	保险法	2	三年级	必修

根据上表，可以发现台湾大学法律学院的民商法课程受到了较大的重视，其民法总共分成六门课程，民法总论、民法物权、民法债编总论一、民法债编总论二、民法债编各论和民法身份法，其每门课3学分，对应3课时，其他与此类似。值得注意的是，其民法债编总论总共是6课时，与东京大学将侵权行为纳入债法各论中加以讲授不同，在我国台湾，侵权行为法一直位于债法总论中。此外，劳动法2学时。其民事特别法商法课程则由商

事法总论及公司法、票据及支付工具法、证券交易法、公平交易法、劳动法和保险法组成，几乎涵盖了商法的重要内容。需要注意的是，这些课程均为必修课，只是商事法群组的学生可以在票据及支付工具法、证券交易法、公平交易法和劳动法中选两门课程。在基础课方面，我们可以感受到台湾大学对民商法的重视程度，甚至超过日本东京大学和京都大学。尽管台湾大学王泽鉴教授提出请求权基础方法[1]，并在著作中有所应用[2]，台湾地区也出版有大量的民商法研习著作[3]，不过，这在台湾大学的民商法必修课中并无反映。对比台湾大学法律学院的必修课总量，更能凸显其对民商法的重视。实际上，台湾大学系订必修科目24门，必修学分63分，而民商法的必修科目为12门，占到了所有必修课的一半；必修学分27分，其所占比重也大体达到43%。

（五）台北大学民商法课程体系

根据台北大学2017年度以后通用的课程要求，整理其民商法课程体系信息如下（表8）。

---

〔1〕 王泽鉴：《民法思维：请求权基础理论体系》，北京大学出版社2009年版。

〔2〕 王泽鉴教授于30年前，即开始这种写作，如王泽鉴：《民法总则》（民法实例研习丛书·第2册），王泽鉴著作权兼发行人1986年第3版。

〔3〕 例如，黄承启：《民法案例研习》，郭振恭审阅，元照出版有限公司2012年版；曾淑瑜：《公司法实例研习》，三民书局股份有限公司2016年版；刘连煜：《新证券交易法实例研习》，自印2004年版。

表8 台北大学民商法课程体系

课程组别	课程名称	学 分	建议修习年级	性 质
民 法	民法总则	4	一年级上	基础必修
	民法债编总论（一）	4	一年级下	基础必修
	民法债编总论（二）	2	二年级上	基础必修
	民法物权	4	二年级全年	基础必修
	民法亲属	2	二年级上	基础必修
	民法继承	2	二年级下	基础必修
	民法债编各论	6	二年级全年	基础必修
民事特别法	劳动法总论	2	二年级	专业必修
	商事法总论暨公司法	3	三年级	专业必修
	保险法	2	三年级	专业必修

我国台北大学法律学院，其必修课分为基础必修课和专业必修课。基础必修课共13门，总共44学分；而其中，民法课程有7门，几乎占基础必修课的53.8%，具体课程为民法总则、民法债编总论一、民法债编总论二、民法物权、民法亲属、民法继承和民法债编各论。可见，台北大学与台湾大学类似，民法各编的内容均构成基础必修课，而且其将亲属法和继承法分开，学分更是达到24，比台湾大学的民法基础课还要多6学分，占到基础必修课的54.5%。根据表7和表8，我们可以发现，在台湾大学和台北大学，民法总则和民法债编总论一的课程安排在或者建议在一年级修习，而其他民法课程则在二年级修习。这与日本有所不同，各类课程的修习时间大约提前了一年。

专业必修要求修习20学分，其专业必须课共13门，其中民商法的课程有 3 门，即劳动法总论、商事法总论暨公司法和保险法，共 7 个学分。根据专业必修课程的学分总数情况，这 13 门课程并非必须全部修习，满 20 学分即可；但修习其他课程无法代替专业必修课程的 20 学分。值得注意的是，在台湾大学和台北大学，劳动法、保险法受到高度重视，均属于数量极为有限的必修课范畴，这两门课程的内容与个人进入社会后息息相关，应该是其成为必修课的重要考量因素。尽管我国台湾地区比较重视知识产权保护，以此为内容的知识产权法却并未成为必修课。尽管不是民商法，但有必要一提的是，行政救济法在台湾大学和台北大学同样均为必修课，这可能体现了其重视权利保护的思想，这种课程对于培养权利意识、保护私法主体的合法权益具有重大价值，在公权强大的我国大陆地区，更有必要重视该等课程。

（六）清华大学民商法课程体系

清华大学法学院是我国较为年轻的法学院，然而，其民商法在学界的地位和影响是学界公认的。由于清华大学同样受教育部的指导，因此，其民商法课程体系如何设置，或许对于同样受教育部统领的大陆高校而言，其参考价值不容小觑。

根据清华大学法学院网站公布的最新版（2016 年法学专业本科培养方案），法学专业核心课程共 14 门，宪法学（3 学分）、中国法制史（3 学分）、法理学（3 学分）、民法总论（4 学分）、刑法总论（4 学分）、经济法总论（2 学分）、商法学（4 学分）、知识产权法学（3 学分）、民事诉讼法学（3 学分）、刑事诉讼法学（3 学分）、行政法与行政诉讼法学（3 学分）、国际法学（3 学分）、国际经济法（3 学分）、国际私法（3 学分），总共 44 学分。这应该就是教育部规定的所谓 14 门法学核心课。但需要注意的是，在清华大学法学院，即使是专业核心课程也未必就是必修课。从教学的目的、学生的学习角度考虑，这可能对其他法学院校具有启发意义。

清华大学的法学专业课程分为必修课、限选课、双语限选课和选修课，总共要求修习76学分，笔者将其民商法的课程体系整理如下（表9）。

表9 清华大学民商法课程体系

课程组别	课程名称	学　分	性　质
民　法	民法总论	4	必修课
	物权法	4	限选课
	债法	5	限选课
	侵权行为法	4	选修课
	亲属与继承法	2	选修课
	外国民法	2	选修课
	德国民法概论	3	选修课
商　法	商法学	5	必修课
	公司法	3	限选课
	海商法	3	限选课
	比较公司治理（英）	2	双语限选课
	证券法	2	选修课
	破产法	2	选修课
	票据法	2	选修课
	保险法	2	选修课
	信托法	2	选修课
	银行法	2	选修课

续表

课程组别	课程名称	学　分	性　质
知识产权法	知识产权法学	3	限选课
	著作权法（英）	2	双语限选课
实务课程	民法研讨与案例分析	2	选修课
	侵权行为法研讨与案例分析	2	选修课

清华大学法学院共开设民商法课程 21 门，其中民法 7 门，商法 10 门，知识产权法 2 门，实务课程 2 门，两门研讨实务类课程均围绕民法展开，其内容可谓丰富，几乎涵盖了民商法的所有子部门。与南开大学、东京大学类似，其开设有比较法课程三门，外国民法、德国民法概论和比较公司治理，并且有两门英文课程。侵权行为法在我国具有较为特殊的位置，因此，我们可以发现清华大学和南开大学均将侵权行为法独立开课，这在日本和我国台湾几所大学是没有的。清华大学将亲属与继承法合并上课，南开大学也是一样，这与日本东京大学和京都大学的情形类似。但是在课时安排上，清华大学与南开大学差异较大：南开大学的民法学（总论）、民法学（物权法）、民法学（债权法）和侵权法的课时分别是 2、2、3、2，而清华大学相同主题的课时，则分别是 4、4、5、4，二者的课时量几乎相差一倍，其与日本、我国台湾的几所大学对民法的重视程度相当。

在课程性质上，清华大学只是将民商法中的民法总论和商法学列为必修课，2 门共 8 学分；其必修课总量是 11 门 34 学分。从必修课的角度看，这和日本、我国台湾的几所大学相差悬殊，其课时量顶多只相当于前述几所大学课时量的一半，甚至只是台北大学民商法必修课学分的三分之一。清华大学的限选课共14门42学分，其中民商法科目占5门18学分，要求修够27学分，可以发现：在限选课中，民商法课程较有优势，这包括物权法、债法、公司法、海商法和知识产权法五门，其中的物权法、债法和公司法在日本和我国台湾地区的几所大学法学院均属必修课，而知识产权法在南开大学为必修课。按照限选课的要求，学生只需修够27学分即可，这增加了学生选课的自主性，但在理论上也存在这么一种可能，即有一些学生最后没有修习物权法、债法、公司法等课程。民商法的英文限选课有比较公司治理和著作权法两门，此外，值得一提的是其普通法精要课程系列，在何美欢教授的主持、教授下，产生了良好的影响，尽管何美欢教授已经仙逝，但这一体系化的课程被保存了下来，据说这是一种非常之严格的英美法训练。

清华大学法学院的选修课分为多组课程，供学生选择，其中，民法学课组共6门，15学分，包括侵权行为法、侵权行为法研讨与案例分析、外国民法、亲属与继承法、民法研讨与案例分析、德国民法概论；商法学课组共6门，12学分，包括证券法、票据法、破产法、保险法、信托法和银行法。此外，还有其他课组，这些选修课课程无需全部修习，按照要求，学生修够11学分即可，即便是单纯的民法学课组或商法学课组本身也足以充满这11学分，这种课组的设计有助于为学生提供一个大致的指引，使得其可以更明确的修习某一个课组，从而形成某一领域更系统的知识体系，为自己的专业论文写作或者特定方向的就业打好基础。

四、民商法课程体系改革的方向——为南开大学及其他综合性大学建言

前面我们在考察了南开大学现行的民商法课程体系的基础上，依次梳理了东京大学、京都大学、台湾大学、台北大学和清华大学这五所各法域一流大学的民商法课程体系，并就各大学的课程体系进行了分析，它们的做法和经验可以为南开大学构建更合理的民商法课程体系提供某种参考，甚至也可以同时为国内其他综合性大学所参考。具体而言，笔者以为，如下几点应是民商法课程体系改革的方向。

（一）增加传统民商法的学分和学时

无论是日本，还是我国台湾，几所大学的传统民商法必修课学分最低也有 18 学分，多者达到 31 学分，这大大高于南开大学的 9 学分。在台湾大学和台北大学，传统民商法课程在必修课或基础必修课科目总数中占到一半以上，学分学时占必修课总学分学时的 43%~53.8%之间。

（二）明确民商基础课为必修课

民法总则、物权法、债法总论、债法各论、商法总论及公司法均是必修科目，域外大学并无不同，值得参考。只是我国大陆应将债法各论分解为合同法和侵权行为法。每门科目的学分学时应适当增加。清华大学的侵权行为法课程就是 4 学分，体现了侵权行为法在民法和生活中的重要性。

（三）重思某些课程的必修选修

对于知识产权法，京都大学未显示，但东京大学、台湾大学、台北大学、清华大学均是选修课。而劳动法在台湾大学、台北大学均为必修课，在东京大学、京都大学尽管为选修课，但课

时为4，均显示了对这种保护个人弱者权益课程的重视。在台湾大学和台北大学，保险法同样为必修。这些我们需要思考。法学作为实用之学，需要切实考虑科目设置与生活之关系。

（四）重视研讨式的案例研习课

德国和日本均有大量的民法演习和商法演习课和相应的著作，以保证学生不仅学习知识，还能学会应用知识。东京大学法学部几乎每天均有民商法的演习课程。台湾大学学者重视案例演习，王泽鉴教授更是将法教义学、比较法和判例结合起来研究，其教科书取得了巨大成功，其《民法学说与判例研究》更是广为我国学子和司法工作者所喜爱。法学教育要培养学生的法律思维、执业技能，那么就必须重视案例研习课。这点需要教师重视、转变思维，学校则需要增加、鼓励开发类似课程。

（五）妥当调整课程开设的学期

在台湾大学民法总论和民法债编总论在大一开设，其他民商法基础课程在大二开设；在日本，相应的民法课程几乎晚开一年。商法课程开设的学年则大体相当。南开民法总论在大一开设，其他与台湾大学、台北大学类似。笔者以为，民法总论博大精深，不宜在大一开设，而应在大一设置民法入门或者民法概要课程，作为民法深入学习的铺垫，民法总论则穿插合同的部分内容在大二开设[1]。

（六）用心安排民商法上课时间

我们看到，京都大学的民法四部和商法两部均安排在了10：30~12：00和14：45~16：15，笔者以为，这是有意为之，以避

〔1〕［德］汉斯·布洛克斯、沃尔夫·迪特里希·瓦尔克的《德国民法总论》的内容构成可供参考，中译本参见［德］汉斯·布洛克斯、沃尔夫·迪特里希·瓦尔克：《德国民法总论》，张艳译，杨大可校，中国人民大学出版社2012年版。

免早晨和中午可能存在的昏昏欲睡问题。而其民法演习课和商法演习课则均是在理论课之后，目的则在于理论学习之后紧接着实例训练。对民商法课程给予这样的特别待遇，值得我们参考。

（七）选修课的专业化与类型化

我国的选修课大体类似，而日本的选修课则较有特色。其有一般的课程，有特别讲义，有限制人数的专题演习，这多种多样的选修课有助于教师发挥所长，授业专攻。一些选修课的名称可以相对固定，但较具有包容性，具体讲授内容可以完全由教师安排，如此，有助于课程的灵活性、并分享最新研究成果。特别是类似于专题的课程，可以由授课教师自己限定人数，研讨效果会更为理想。

（八）清华大学对课程体系的安排表明，法学核心课程并不是必须为必修课

对此，学校学院可以有更多的自主安排空间。南开大学和其他综合性大学不应被教育部的法学核心课程束缚住手脚。

最后不得不提及的是，民商法基础而重要，不仅需要给予课程体系上的重视，在师资上、人员配比上、课程合并上同样应足够重视，否则，民商法教师将会有无法承受之重。南开大学法学院民商法（民法、商法、知识产权法）只有九位教师，还有三位专授知识产权法，换言之，民法、商法总共只有六位教师，但是却要教授那么多的民商法子课程，并且面对法学本科、法学双学位、经管法实验班、民商法法学硕士、法本法硕、非法本法硕、大法硕、民商法学位班、[1] 民商法法学博士九种类型的学生开设不同深度的课程，其难度、压力可想而知。特建议南开大学和

---

〔1〕 根据教育部和南开大学校方的安排，民商法学位班即将停班。

其他存在类似状况的大学，重视民商法学科，应按照民商法课程的重要性和课程类型、课时比重从速引进民商法师资，充实民商法队伍，以保障本校法学院的基本需求和充分发展。

法律职业

Legal Profession

美国法律职业伦理教育的争议与技艺

◎郭晓飞*

摘　要：美国法律职业伦理教育所面临的一个最大的质疑就是美德是否可教，另外一个反对的声音就是以法律科学为名排斥伦理教育，这两种反对的声音都和法学教育的“去道德化”有关，哪怕是法律职业伦理教育也是先把职业伦理规则化、立法化，然后变成一种可教的知识。然而这样的模式遭到了批评，职业伦理教育的技艺的提升内在于这种争议当中。把良好的判断作为职业伦理教育的核心需要诊所实践教育和教学理论反思的结合，专门的职业伦理教育课也需要普遍补充方法，由此带来的启发就是法律职业伦理教育不能重复法教义学的模式。

关键词：法律职业伦理　法学教育　美德　法教义学

* 郭晓飞，中国政法大学法学院副教授。

在西方历史上，无论是古希腊还是中世纪，都非常重视伦理教育，美国早期的大学教育也强调塑造学生的品格，教书育人似乎是不言自明的道理，只是现代以来强调技术教育和价值中立，伦理教育才逐渐在大学的课程中被边缘化。在20世纪的相当长时期，一个显著的现象是实践中律师协会不断正式地强调职业责任的重要性，而法学院的法律职业伦理教育却裹足不前。这个落差一直持续到1974年，一道分水岭——“水门事件”横空出世，法律职业伦理教育才掀开了新的篇章。在律师界，“水门事件”也可以称作“律师门”，大量的律师参与到妨害司法的行为当中，在公众舆论中，律师整体遭遇了严重的信任危机。美国律师协会作出规定，在美国律师协会得到认证的法学院，必须开设法律职业伦理的必修课程。在律师资格考试当中，对法律职业伦理单独测试，如果通不过这门考试，即使其他科目分数再高也无法拿到律师资格。[1] 美国律师协会针对特定教学课程作出要求，这在历史上还是第一次，在强调学术自由、教授治校的学术界，也引来了不少的不满，但是牢骚归牢骚，全美各家在美国律师协会认证的法学院都齐刷刷地开设了法律职业伦理的必修课。或许，没有哪个法学院可以承担得起“抵制法律职业伦理教育”的恶名，这个课程非常“政治正确”。然而，分析“水门事件”与开设法律职业伦理必修课之间的关系，也不得不让人怀疑课程开设是一种“危机公关”的行为，或明或暗的争议一直困扰着讲授法律职业伦理的学者，以至于产生出一种笔者所谓的“正当性焦虑”，即尽管美国律师协会以一种“粗暴”的要求绕过了争议，但法律

---

〔1〕 王进喜：《美国律师职业行为规则：理论与实践》，中国人民公安大学出版社2005年版，第9~10页。

职业伦理课在法学院里的生存，是需要在学术上论证和辩护的。本文将阐明，讲授职业伦理的技艺，也内在于这种关于正当性的争议中。

一、美德可教吗?

法律职业伦理教育所面临的一个最大的质疑就是美德是否可教，这个疑问在西方哲学史上源远流长，可以追溯到柏拉图的《美诺篇》中美诺向苏格拉底提的一个问题："请你告诉我，苏格拉底，美德能教吗？或者说美德是通过实践得来的吗？或者说美德既不是通过教诲也不是通过实践得来的，而是一种天性或别的什么东西？"〔1〕哲学家笔下的"美德是否可教"主要讨论的是形而上的问题，例如什么是美德，美德是否是一种知识，像苏格拉底就认为如果美德是一种知识就是可教的，如果美德不是一种知识就是不可教的。到底有没有美德的老师可以把自身的善传递给别人，还是说这种东西根本上是不能传递和接受的。〔2〕这样的讨论对于法律职业伦理教育来说既切题又不切题，说切题是因为毕竟法律职业伦理成为法学院的必修课是因为"水门事件"造成对律师的信任危机，希望课程的开设与行为的改善可以密切相关；说不切题是因为，美国的法律职业伦理已经体现为具体的规则，类似于已经被"知识化"，美国律师资格考试中职业伦理考试采取的客观题的方式，也证明了职业伦理被"可操作化"了。例如，如何处理利益冲突的问题已经变得和一般的法律规则的讲

〔1〕［古希腊］柏拉图：《美诺篇》，载《柏拉图全集》（第1卷），王晓朝译，人民出版社2002年版，第491页。

〔2〕［古希腊］柏拉图：《美诺篇》，载《柏拉图全集》（第1卷），王晓朝译，人民出版社2002年版，第492~534页。

授没有任何区别，所以泛泛而谈美德是否可以教已经有些审错了题。何况，“一个好律师能否是个好人”的普遍追问呈现出有些情况下职业伦理和美德的张力，律师明知自己当事人违法犯罪仍然可以做程序上的无罪辩护，而大众伦理不能接受这种为“坏人”开脱的行为。职业伦理提供了一种正当化的说辞来为这种“去美德化”的行为进行正当化论证，缓解律师的伦理焦虑。也就是说，职业伦理有时候教的就不是美德。

哲学上的“美德是否可教”降落在生活中呈现为一种常识性的质疑：难道说“水门事件”中的妨碍司法的律师不知道他们的所作所为是违反规则的吗，这是知识的问题吗？这可能是“知行分离”的问题，而这个问题不是课堂教育所能解决的。著名学者型法官波斯纳就认为在课堂上灌输伦理，教人做好人徒劳无益。[1] 还有很多类似的质疑，基本上都认为人们的道德教育很可能在幼年时候已经成型，所谓的“从小看大，三岁知老”，等到一个人成为法学院里的学生，已经很难在伦理上有大的改变。著名的法律职业伦理研究的学者黛博拉·L. 罗德认为这些质疑既夸大了职业伦理教育的目标，又低估了它的影响力，夸大了教育目标指的是职业伦理教育的老师很少有人说这个课的目标就是“让人变成好人”，而职业伦理课能促成学生对职业行为规则的意识，让学生知道行为的边界在哪里。职业责任教育的核心是学会反思性判断，学生在课堂上会学着思考，自己想过什么样的生活，这个职业是怎么样的，如何促进一个更公正化的社会。对一些学生来说，这是去思考自己的工作、公共服务、客户利益和社

〔1〕 Richard A. Posner, “The Deprofessionalization of Legal Teaching and Scholarship”, 91 *Mich. L. Rev.*, 1921, 1924 (1993).

会责任的关系的唯一机会，而理想主义曾经是这些学生们来到法学院学习的原因。也有一些关于伦理教育的经验研究证实，在刚刚成年时候接受的教育对个人的道德观和策略的转变也会产生显著影响。对具体情境下不同价值观的选择是学生进入法学院之前很少思考的，而设计良好的课程可以推进这方面的能力。[1] 人们往往相信幼年期的道德教育对于人格形成的重要性，即使这个命题是真实的，我们也可以试着想象，刚刚开始学习法律的学生，尽管他们在年龄上或许已经成年，但他们同时却是法律职业后备军中嗷嗷待哺的幼年，法律职业伦理意识或许就在这里得以萌生，这也是笔者倾向于在法学院一年级就开设法律职业伦理课程的原因。

有些学者认为家庭教育更多地塑造了伦理品格，可能也会有一种排斥效应。20 世纪中叶一个著名的法律伦理学家亨利·德林克（Henry Drinker）曾经声称美国律师界所面临的最大的伦理问题来自“俄国出生的犹太人”，他们加入美国律师行业以后大量地违反职业规则，原因就是他们早年的家庭教育没有体现美国价值。解决这个问题的关键就在于把这些人排斥在法律职业之外。[2] 这样的思路让人回想起历史上美国法律职业对女性、有色种族、某些宗教信徒、低下阶层的排斥，仿佛法学教育要被“贵族阶层”所垄断，他们才是在道德上“正确”的人，因为他们受过“正确”价值观的熏陶。今天已经没有人敢于严肃地提出这样的观点，但是类似的思维却依然存在。

---

〔1〕 Deborah L. Rhode, “Teaching Professional Responsibility and Legal Ethics Article”, 51 *St. Louis U. L. J.*, 1043, 1044-1051 (2007).

〔2〕 Russell G. Pearce, “Legal Ethics Must Be the Heart of the Law School Curriculum”, 26 *J. Legal Prof.*, 159, 162 (2001-2002).

还有一种常见的质疑是，大学课堂很难作为职业伦理教育的理想场所，因为伦理品格需要在实践中磨砺出来，执业实践的具体语境在很大程度上塑造了一个人的行为。笔者并不否认实践的重要性，同行们的所作所为在很大程度上确实影响了新入职者的行为品性，下文在职业伦理教育的技艺部分也会讨论法律诊所教育的重要性。可是，如果只是强调法律人在具体执业的时候再来进行职业伦理的养成，其实是有难度的。对实践重要性的强调其来自天然正当，可是也不可否认实践的“务实”“紧迫感”“形格势禁”，强调“把事情办成”的一面恰恰很难提供反思性判断的训练，大学课堂上的“纸上谈兵”“凌空蹈虚”“站着说话不腰疼”，可能恰恰在另外一个层面上提供了反思的空间，为伦理的反身性思考的培养提供了养料。其实如果仅仅满足于做一个挣钱的成功律师，师傅带徒弟式的作坊式教育可能胜过法学院所有的课堂教育，大学法学院的教育模式一定有实践所不能替代的功能。

二、以法律科学为名排斥伦理教育

有学者认为以下这种思想造成了法学界对于法律职业伦理教育的敌意：法学是一门科学，要跟价值伦理问题进行区隔，似乎伦理教育是一种说教，同宗教类似。主导美国法学院的案例教学法和时任哈佛大学法学院院长兰德尔视法律为科学的观点相关。兰德尔把上诉审法院的案件作为原材料，认为可以从这里提炼法律的原则。他还认为法律图书馆对于法律研习者而言，就相当于化学家和物理学家的实验室，动物学家有关博物学的博物馆，植物学家的植物园。这种科学观认为科学重视的是事实而非价值，法律科学的建构过程恰恰是蔑视价值判断为基础的。如今美国法学界很少有学者认为自己是法律科学家，但是兰德尔科学主义的思想仍然影响深远。法律实证主义仍然强调法律是什么，而不是法律应该是什么，对实在法和道德进行区隔。法经济学也强调事实和价值的区分，即使承认法律包含价值判断的政策分析学者也常常“工具主义”地看待法律，假设某种价值是值得追求的，而法学院教育着重在于强调法律是否提供了实现这些目标的有效手段。总之，无论是旧式的兰德尔科学思想，还是正走红的法经济学，还是政策分析为基础的法律工具主义，都对法律问题和伦理问题进行了区隔。一些学者认为法律职业伦理很无趣，根本不值得聪明的头脑进行研究，还有学者认为道德指导等于道德说教，老师把自己的价值观强加于学生，并且惩罚异议分子。还有学者说，假如有学生在传统的课堂上提出伦理考量会被认为是和正在讨论的法律问题不相干。[1] 如果用一种理论的视角来观察，法学界对伦理课的排斥基本上是休谟以来“事实”与“价值”两分思想的产物，无论是分析实证主义的逻辑实证，还是法社会学的经验实证，都是试图在“科学”的场域中争得一席之地，“纯粹法学”不是要声称“脱离了任何意识形态的考虑”吗?[2] 霍姆斯在《法律的道路》一文中说：“假如我们把所有具有道德意味的词从法律中删去，而采用那些能够表达未受其他领域污染的法

---

〔1〕 Russell G. Pearce, “Teaching Ethics Seriously Legal Ethics as the Most Important subject in law school”, 29 *Loy. U. Chi. L. J.*, 719, 728-730 (1998).

〔2〕 [英] 韦恩·莫里森:《法理学：从古希腊到后现代》，李桂林等译，武汉大学出版社 2003 年版，第 324 页。

律概念的词，结果会比现在好些。”[1] 自然法学的衰落和整个伦理教育的衰落不是同一个过程吗？职业伦理课和传统的伦理教育其实也好像是两个物种。

这就有趣了，整个法律界“去道德化”的过程真的是无远弗届，连法律职业伦理也未能幸免。已经有学者感叹美国律协所制定的示范文本与道德渐行渐远，第一个版本还叫“职业道德”，随后一个版本叫“职业责任”，后来又叫“职业行为”，几乎完全成了法律的一部分，导入立法的形式，试图去除“自然语言”，而价值观上也着重强调律师对委托人的忠诚，成为“冷漠的中立者”，淡化社会责任。[2] 吊诡的是，恰恰是法律职业伦理的规则化、法律化、去道德化，才似乎使其变成了一种类似于其他部门法一样的知识，才成了可以被教的，那几乎就等于在说，法律职业伦理不是伦理，所以证成了法律职业伦理课在法学院的存在。

然而，法律职业伦理研究者满足于这样的正当化论证吗？于是乎，法律职业伦理教育的争议和法律职业伦理教育的技艺就要结合起来一起谈了。

三、好的判断——通过实践和课堂的双重塑造

哈佛大学教授玛丽·安·格林顿注意到在律师协会的一些《示范规则》中，删除了“对”“错”“好”“坏”“良心”“品德”这些字眼，而代之以像“审慎”“恰当”或“容许”等字

---

〔1〕 强世功：《法律的现代剧场：哈特与富勒论战》，法律出版社2005年版，第40~41页。

〔2〕 李学尧：《非道德性：现代法律职业伦理的困境》，载《中国法学》2010年第1期。

眼。[1] 所以，有学者认为应该扩展法律职业伦理领域的内容，教授一般的伦理理论和政治理论，例如讨论对抗制本身的正当性问题、讨论社会契约理论，研讨《联邦党人文集》，从而让学生检视自己在法律职业中的角色，思考为何做出某种道德决定，把伦理考量作为生活的一个常规的存在，并拥有一个比律协的行为规则更大的伦理视角。[2] 这个方法把通识教育和职业伦理教育融为一炉，是一种针对当下职业伦理教育弊病的宏观应对方案。这种方案看到了只是在职业主义范围内教授职业伦理的偏狭，职业伦理从始至终都不可能逃离政治或者体制的大语境。探讨医患关系的紧张必须在职业伦理之内和之外同时展开，思考中国的律师伦理自然也必须思考我们的司法管理机制，我们不能把法学界通行的法教义学方法原封不动的地搬到职业伦理的研究和教学中，否则一定是干涩无味，“姥姥不疼，舅舅不爱”。

学者安索尼·T. 克罗曼在名著《迷失的律师：法律职业理想的衰落》一书中提到 19 世纪律师政治家理想，即杰出律师随时准备为了公共利益牺牲个人的私利。同时律师的杰出能力不仅是一种睿智的技巧，更是一种性格品质。其中最突出的实践智慧是谨慎：“当我们认为一个人作出了良好的判断时，不仅仅是指他有渊博的知识和敏锐的智力，而且意味着其在思考过程中所表现出的沉着冷静，以及对他所处的环境要求其考虑的各种利益给予同等的同情心。”[3] 作者认为律师的良好的判断能力是一种性格

---

〔1〕［美］玛丽·安·格伦顿：《法律人统治下的国度——法律职业危机如何改变美国社会》，沈国琴、胡鸿雁译，中国政法大学出版社 2010 年版，第 79 页。

〔2〕 Gabriel Lerner, “How teaching political and ethical theory could help solve two of the legal profession’s biggest problems”, 19 *Geo. J. Legal Ethics*, 781, 790-793 (2006).

〔3〕［美］安索尼·T. 克罗曼：《迷失的律师：法律职业理想的衰落》，田凤常译，法律出版社 2010 年版，第 17 页。

特征，在实践中训练出来一种同情加超然的一种能力，同情维系着对当事人的忠诚，而超然又在节制这样的情感，关心公共性，不至于沦为当事人所“雇佣的枪”，被当事人“指哪儿打哪儿”，这样一种概括和律师职业伦理平衡当事人利益和公共利益的要求极为相关，所以研究职业伦理的学者接过了这个话头，把好的判断作为法律职业伦理教育的核心目标。

著名法律职业伦理学者戴维·鲁本教授和迈克尔·米勒教授指出，现在的法律职业行为规则把苏格拉底的问题，一个人应该怎么活着，变成了一个法律问题，这样做是法律允许的吗。他们认为应该改变这个局面，培养好的判断的能力是法律职业教育的核心。而这个实践智慧不能靠公式来获得，必须按照亚里士多德的教诲，在实践中磨砺并且学会反身性思考，实践中磨砺需要法律诊所教育，而反身性思考需要教室里的思辨。大家对职业伦理教育的不满意就是因为我们没有强调良好判断能力的重要性。法律职业伦理相关规则掌握的再好也可能在实践中跌跤，原因是我们没有良好的判断能力。律协所制定的规则是“去道德化”的，于是这带来一个“非意图的后果”，就是削弱了自我治理的机制。假如把伦理准则纳入到管理律师的立法当中的话，可能也削弱了准则本身的重要性。正是这种去道德化的准则大行其道，好的判断能力的培养才显得更加重要。作者不同意克罗曼所说的法学院的苏格拉底式的教学方法可以自动培养良好的道德，因为根据这种方法，老师要求学生悬置自己不成熟的道德判断，却没有告诉学生什么是成熟的道德判断。法律诊所的实践教育加教室里的批判性反思，就是一种用理论反思实践，又用实践批判理论的过程。[1] 法律职业伦理教育界一度曾认为法律诊所的实践教育是唯一的伦理教育模式，只有实践中形成良好的习惯才能避免纯粹的说教，然而理论反思同样不可能被实践替代，戴维·鲁本教授和迈克尔·米勒教授在文章中提到了一些具体事例来论证两者的不可或缺。

作为实践不可或缺的例子是，美国法律职业伦理学界经常讨论刑辩律师遇到的三个所谓最难的伦理问题，这个问题由弗里德曼提出：①当你知道某个证人正要作伪证的时候，你是否应该支持改证人的立场（假如证言对自己当事人有利）？②在你明知某个控方证人准确无误且诚实可信的情况下，你是否应该为了使该证人显得犯了错误或正在撒谎而仔细盘问该证人？③你明知某项法律建议可以能会诱使你的委托人作出伪证的情况下，你是否应该向你的委托人提供该项建议?[2] 然而在法律诊所的实践中，同学们却发现这根本不是刑事辩护中最难的问题，而是辩诉交易中的勤勉问题。同学们发现自己做的辩诉交易比律师们做得要好，原因是学生肯付出更多的时间，大量的辩诉交易并不是需要更艰深的法律论辩，而只是需要更多的勤勉，勤勉就是称职。而政府指派的法律援助律师常常做不到这一点。[3]

该理论不可或缺的例子是一个政治避难的案件，一个诊所学生发现之前的判例对自己的当事人不利，就故意隐瞒了，法官没

---

〔1〕 David Luban, Michael Millemann, "Good Judgment: Ethics Teaching in Dark Times", 9 *Geo. J. Legal Ethics*, 31, 31-64 (1995).

〔2〕 ［美］门罗·弗里德曼：《对抗制下的法律职业伦理》，吴洪淇译，中国人民大学出版社 2017 年版，第 3 页。

〔3〕 David Luban, Michael Millemann, "Good Judgment: Ethics Teaching in Dark Times", 9 *Geo. J. Legal Ethics*, 31, 31-64 (1995).

有看出来，做出了有利于当事人的判决。诊所的同学都笑了，认为这是很幸运的逃离。但是也有学生指出，这不符合职业伦理，因为职业伦理要求不应该隐瞒不利于自己当事人的先前的判例。大部分同学都认为不能这么理解。看来辩护的需求有可能造成过度热忱，使得伦理反思很困难。[1] 这里其实说的是，在现实中同学们也是入戏太深，很难有超脱的反身性思考。现实所需要的赢者为王，在诊所中同样可能存在，而有时候恰恰需要对实践的暂时抽离，来反思如何形成职业伦理上的最佳判断。

四、专设职业伦理课与普遍性渗透伦理教育的双管齐下

美国法学界还有一种质疑法律职业伦理教育的说法，就是法律职业主义的传统以及在各个法学学科中的教学已经保证了法律职业伦理的教授，例如声称苏格拉底的教学方法已经保证了道德判断力的培养，就没有必要专设法律职业伦理课了。实证研究发现，普遍渗透的伦理教学早已在各个学科贯彻的观念，可能是一个幻象。应该放弃开设专门的法律职业伦理课和在各个法学学科教育中全面渗透伦理教育非此即彼的做法，而是应该双管齐下。

黛博拉·L. 罗德教授为这种普遍式渗透的伦理教育进行了论证。首先，在法学各学科教育中渗透职业伦理教育是因为各门课当中都包含了职业伦理问题，当这些因素出现在课堂上的时候，同学们可以从不同学科的老师那里听到更多元的观点。这部分的

---

〔1〕 David Luban, Michael Millemann, "Good Judgment: Ethics Teaching in Dark Times", 9 *Geo. J. Legal Ethics*, 31, 31-64 (1995). 美国律师职业行为规则规定律师不得明知有不利于其委托人并且对方律师没有发现的法律根据，而不向裁判庭公开该法律。因为法律根据跟事实根据不一样，不属于委托人。参见王进喜:《美国律师职业行为规则：理论与实践》，中国人民公安大学出版社2005年版，第152页。

回应了指责法律职业伦理老师强加自己价值判断的说法。职业伦理教育不仅要提高伦理意识而且要提高伦理判断的能力，所以需要更多的课堂提供持续的锻炼道德反身性思考的机会。其次，普遍渗透的方法也弥补了一些专设职业伦理课的局限。随着职业伦理的规则化，职业伦理课变成了对白纸黑字规则的讲授，甚至是为了应对律师资格考试，僵化的模式需要全面渗透的伦理教育来激活。专门的职业伦理课设计得再好，时间也有限，也不可能呈现更多专业领域的道德困境的解决。当然这种渗透的方法也被怀疑可能造成理论不系统，有些伦理议题讲得过多，而另外一些讲得又不够，而且如果说伦理教育是每个人的责任就等于说人人都没有责任。如果给予一定程度的监管有可能会危及学术自由和教授自治。尽管有这些成本，但是法学教师们责无旁贷。因为如果教育者在自己的课堂中有意识或无意识地拒绝对职业伦理的讨论，可能会鼓励学生们将来在执业的时候也这么做。在一个组织里面，一个人不道德行为的主要原因就是假设道德责任不在我这里，而在其地方。一种普遍性渗透的伦理教育即使没有采用完善的教育方法，仍然可以促使学生对伦理议题持续关注，并且在其他学术或者实践语境里进行更深入地探索。之前强调职业伦理教育的人可能夸大了职业伦理教育的效果，又缩小了职业伦理教育的范围。一门单独的伦理课并不能灌输诚信，确保美德，或者避免法律职业堕落为纯粹的商业。单一的道德课程是有局限的，但是普遍渗透的伦理教学可能会使得我们更接近目标。普遍性的进行伦理渗透教育，或许就会让伦理持续性地存在。[1] 这是一种

---

〔1〕 Deborah L. Rhode, "Ethics by the pervasive method", 42 *J. Legal Educ.*, 31, 50–56 (1992).

很巧妙的转换，在以往的争论中，法学院各学科都在渗透伦理判断的教育这个观点，是一种反对专门的职业伦理教育的托词，事实上，伦理教育的渗透性远远不足。黛博拉·L. 罗德教授化腐朽为神奇，在支持专门性地开展职业伦理课程的基础上，要求法学院兑现自己的伦理承诺，在各个法学学科里全面渗透伦理教育，这样就把专门课程和全面渗透互斥的理解转换为互相补充的理解，学生们在其他课程上听到老师也在讲授伦理议题就会对专门的职业伦理课增加好感，而专门的职业伦理课上的思维方法也可以带到具体某个部门法的伦理议题讨论中，相得益彰，珠联璧合。

五、一些启发

美国法学界对于法律职业伦理教育的质疑有时候本身就是矛盾的，例如一方面强调法律职业伦理教育根本不能保证学生伦理的提升，是一种陈词滥调；另一方面又说职业伦理教师强加了自己的价值观，仿佛这样一种强制性灌输自身的价值观本身就是不道德。既然陈词滥调是无效的，那强加价值观也就是无效的。第三种质疑的声音更是加入了这种不协调的大合唱，说职业伦理教师在课堂上经常说一些两难的道德困境，根本就没有确定性，让学生无所适从，道德冥想根本不可能带来法律人所需要的确定性，而完全按照律师协会职业行为规则讲授律师资格考试所需要的客观题的知识，又是一种干巴巴的没意思的教条。上述美国职业伦理教育领域的学者对于这些问题的讨论给我们提出了一些值得思考的问题：中国语境下法学界对于法律职业伦理教育有哪些质疑，我国很多学者对于职业伦理的理解仍然是泛泛的思想道德之类的东西，为了纠偏，强调职业伦理已经是规则化的类似于法条的规范，是有价值的。但是，需要反思的是美国法学界对于职业伦理“规则化”的批判是否值得汲取，我们的职业伦理教学是否要完全以规则为导向，它是否需要围绕着国家统一法律职业资格考试中的相关条文而展开。这样的教学完全有可能产生悖论，就是当学生们被驱赶着上法律职业伦理必修课的时候，反而失去了对这门学科的兴趣，从而连带失去了对职业伦理判断的敏感性。〔1〕与此相关的问题是，法律职业伦理所强调的实践性，与诊所教育结合是必须的，但是如果想要成为法学界值得尊重的学科，也不能离开理论的精细研磨。当下，法律职业伦理的研究者一大任务是要把这门研究学科化，这在学科为中心的学界非常重要，但是为了强调纯粹，可能会使得比较缺乏传统的这个领域去全面接续美国的研究，毕竟美国在这个领域有很多的研究，但是从争论中我们也可以看到，法律职业伦理尽管得到了学术界更多的尊重，但学术地位仍然处在挣扎的过程当中，远没有得到稳固树立。在主流学术杂志上的发文数量，还远远不能跟传统学科相提并论。何况，没有任何一个中国的学科需要完全学习美国传统，因为法律职业伦理从来都是和本国的司法机制紧密相连。因此，在中国语境下，立志于法律职业伦理研究的学者急于增强这个学科的纯粹性未必是最佳选择。在中国，研究这个领域的学者主要来自于法理学界和刑事诉讼法学界，也出产了一些虽然数量不多但是有品质的研究。如果接下来的任务是追求纯粹的法律职业伦理，很可能会促成干涩品质的形成。别忘记，本论文所揭示

---

〔1〕 对于美国法律职业伦理课开设导致悖论的分析，参见 Ronald M. Pipkin, “Law School Instruction in Professional Responsibility: A Curricular Paradox”, *Am. B. Found. Res. J.* 247, 275 (1979).

的，正是法律追求纯粹，才要跟道德脱离关系，才形成了法学界对于伦理话语的“本能”抵制，才造成了美国法律职业伦理规则的“去道德化”。一个“去道德化”的职业伦理教育或许难以避免，但还是不要太彻底、太纯粹。

百花园

Spring Garden

大学生体质健康现状的分析与研究

——以中国政法大学为例　彭　博　贾海翔

大学生体质健康现状的分析与研究

——以中国政法大学为例

◎彭　博* 　贾海翔**

摘　要： 运用文献资料法、测量法、数理统计法，对中国政法大学2015年至2018年的学生体质健康测试数据进行系统的统计与分析。数据表明，我校学生四年的体质健康测试总成绩达到及格以上的人数占84.8%，基本达到教育部提出的大学生体测及格率85%的要求；身体形态BMI成绩达到标准水平的人数占到总人数80.1%；身体机能达到及格以上人数占总人数97.6%；反映身体素质的5项指标中，50米跑的及格率为92.1%，800米/1000米的及格率为74.1%，立定跳远的及格率为97.2%，引体向上/仰卧起坐的及格率为

* 彭博，男，中国政法大学体育教学部副教授。

** 贾海翔，男，中国政法大学体育教学部教授、主任。

73.3%，坐位体前屈的及格率为63.5%；通过抽取我校2017年测试数据为样本，结合2015级学生的四年所测数据，发现低年级学生的体测成绩明显优于高年级学生，女生的体测成绩明显优于男生；我校大部分学生的身体形态和身体机能都能够达标，但身体素质方面还有待提高，需不断加强自主锻炼意识、培养良好运动习惯。

关键词： 体质健康标准分析

一、前言

习近平总书记在全国教育大会上的重要讲话中谈到培养人的问题时强调，要在坚定理想信念、厚植爱国主义情怀、加强品德修养、增长知识见识、培养奋斗精神、增强综合素质上下功夫，要树立“健康第一”的教育理念、要全面加强和改进学校美育、要在学生中弘扬劳动精神，培养德智体美劳全面发展的社会主义建设者和接班人。[1]

国民的体质健康状况是国家综合实力的一种表现，学生的体质健康水平更是国家未来发展潜力的重要体现。2002年教育部颁布的《全国普通高等学校体育课程教学指导纲要》提出深化体育教学改革、优化体育课程结构、提高学生体育文化素质、身体素质、适应社会能力和创新精神是高校体育改革的永恒主题。2007年4月4日，教育部和国家体育总局下发了关于实施《国家学生体质健康标准》（以下称《标准》）的通知并颁布了具体的标准和实施办法。通知要求各省级教育行政部门要根据实际情况，制定《标准》的具体实施计划，并于2007年9月1日前报教育部

---

〔1〕《习近平总书记全国教育大会上的重要讲话》(2018年9月10日)。

备案并自发布之日起在全国各级各类学校全面实施。2014 年为落实《国家中长期教育改革和发展规划纲要（2010—2020 年）》《国务院办公厅转发教育部等部门关于进一步加强学校体育工作若干意见的通知》（国办发〔2012〕53 号）和《教育部关于印发〈学生体质健康监测评价办法〉》（教体艺〔2014〕3 号）等三个文件的通知的有关要求，教育部印发《标准》（2014 年修订），要求各学校每学年开展覆盖本校各年级学生的《标准》测试工作，并根据学生学年总分评定等级。

我校作为教育部直属院校，自 2007 年起严格按照教育部相关文件指示精神，全面开展大学生体质健康测试工作，至今已进行了十二年。在过去的十二年，我校共进行了 90 000 余人次的测试，每年的测试人数为在 6000~8000 人之间。自《标准》（2014 年修订）实施以来，我校进行了五次测试工作，测试人次达到 37 000 余人次。

本文以我校四年以来（2015 年至 2018 年）的测试所得数据为研究对象，对学生的身体形态、身体机能、身体素质的各项指标数据进行统计与分析，评价我校学生体质健康现状。同时本文还将以 2015 级学生四个学年的测试数据为依据，阐述大一至大四，学生在大学期间身体形态、身体机能和身体素质的趋势变化，旨在为高校体育教学改革创新，培养学生终身体育意识，促进学生积极参加体育锻炼，充分树立“健康第一”的理念提供合理的建议。

二、研究对象和方法

研究对象：中国政法大学 2015 年至 2018 年本科生体测数据。

研究方法：文献资料法、测量法、数理统计法。

三、结果与分析

（一）测试结果的总体评价

根据学生体质健康测试总分评定标准：90.0 分及以上为优秀，80.0~89.9 分为良好，60.0~79.9 分为及格，59.9 分及以下为不及格。

表 1　2015—2018 年体测成绩总体评价表

年份	样本数	优秀	良好	及格	不及格
2015 年	6664	25 （0.38%）	1037 （15.7%）	5076 （76.2%）	526 （7.89%）
2016 年	8005	29 （0.36%）	1055 （13.2%）	5750 （71.8%）	1171 （14.6%）
2017 年	7470	30 （0.4%）	1066 （14.3%）	5333 （71.4%）	1041 （13.9%）
2018 年	8201	28 （0.34%）	833 （10.2%）	5477 （66.8%）	1863 （22.7%）
合计	30 340	112 （0.37%）	3991 （13.2%）	21 636 （71.3%）	4601 （15.2%）

通过体测成绩总体评价表的数据可以看到，虽然我校学生近四年的合格率达到 84.8%，基本达到教育部提出的及格率达到 85%的要求，但优秀和良好的学生比率仅为 0.37%和 13.1%，而不合格的比率达到了 15.2%，整体情况不容乐观。从数据上看，

2015 年至 2018 年测试的人数在稳步增加，说明学校在积极地推进大学生体质健康测试工作，并认真贯彻落实教育部所要求的测试人数达到本科生总人数 95%的要求。数据还显示，2018 年度体测成绩不及格的人数比 2017 年明显增多，不及格率达到了 22.7%，这为我校学生的体质健康状况敲响了警钟，学校应引起高度的重视，并应重点关注下一年度学生的体测成绩，同时学校也要积极制定可行性方案，出台学生体育锻炼的相关办法，推进学生体育锻炼的有效开展。

（二）身体形态的数据分析

表 2　身体形态的数据

年份	性别	样本数	正常	低体重	超重	肥胖
			17.9~23.9	≤17.8	24~27.9	≥28
2015 年	男生	2364	1634 （69.1%）	73 （3.1%）	499 （21.1%）	158 （6.7%）
2015 年	女生	4300	3784 （88%）	95 （2.2%）	357 （8.3%）	64 （1.5%）
2016 年	男生	2764	1918 （69.4%）	119 （4.3%）	542 （19.6%）	185 （6.7%）
2016 年	女生	5241	4581 （87.4%）	189 （3.6%）	414 （7.9%）	57 （1.1%）
2017 年	男生	2527	1678 （66.4%）	109 （4.3%）	518 （20.5%）	222 （8.8%）
2017 年	女生	4943	4226 （85.5%）	153 （3.1%）	470 （9.5%）	94 （1.9%）

续表

年份	性别	样本数	正常	低体重	超重	肥胖
2018年	男生	2731	1788	110	577	256
			(65.5%)	(4%)	(21.1%)	(9.4%)
2018年	女生	5470	4692	187	472	119
			(85.8%)	(3.4%)	(8.6%)	(2.2%)
汇总	男生	10 386	7021	405	2140	820
			(67.6%)	(3.9%)	(20.6%)	(7.9%)
汇总	女生	19 954	17 300	619	1716	319
			(86.7%)	(3.1%)	(8.6%)	(1.6%)
合计		30 340	24 301	1032	3853	1152
			(80.1%)	(3.4%)	(12.7%)	(3.8%)

身体形态是指人体外部的形态和特征，是用来评价身体形态和营养状况的指标，与人体的技能、体能密切相关。[1] 身高和体重给人以视觉上冲击的同时，往往也反映个人的健康水平，有研究表明，身高、体重是反应和衡量一个人健康状况的重要指标之一。[2] 根据《标准》BMI=体重（千克）/［身高（米）*身高（米）］，BMI成绩100分为正常体重，80分为低体重或超重，60分为肥胖。从身体形态统计表可以看到，我校学生的身体形态达到BMI成绩的标准的占到80.1%，低体重和超重分别占到3.4%和12.7%，肥胖占到3.8%。上述数据说明我校的大部分学

〔1〕 余志琪等：《美国体适能的学科发展对中国体质健康测评体系的启示》，载《广州体育学院学报》2011年第1期。

〔2〕 彭春江：《白族、汉族大学生体质健康状况比较分析》，载《成都体育学院学报》2013年第3期。

生身体形态处于正常，低体重人群所占的比重比较小，而超重和肥胖是目前学生中比较多见的现象，这个比重占到了 16.5%，这与学生日常的饮食习惯和饮食规律有较大的关系。通过查阅男、女生的具体数据，可以发现男生的超重率和肥胖率比女生的超重率和肥胖率分别高出了 12 个百分点和 6.3 个百分点，存在着显著差异。虽然我校测试数据中女生的人数几乎是男生的一倍，但是超重人数和肥胖人数的总和比男生分别少了 424 人和 501 人，综上所述，我校女生的身体形态优于男生。

（三）身体机能的数据分析

表 3　身体机能的数据（肺活量）

年份	性别	样本数	优秀	良好	及格	不及格
			17.9~23.9	≤17.8	24~27.9	≥28
2015 年	男生	2364	797	607	913	47
			(33.7%)	(25.7%)	(38.6%)	(2.0%)
2015 年	女生	4300	1453	959	1819	69
			(33.8%)	(22.3%)	(42.3%)	(1.6%)
2016 年	男生	2764	824	710	1144	86
			(29.8%)	(25.7%)	(41.4%)	(3.1%)
2016 年	女生	5241	1567	1158	2416	100
			(29.9%)	(22.1%)	(46.1%)	(1.9%)
2017 年	男生	2527	897	659	910	61
			(35.5%)	(26.1%)	(36.0%)	(2.4%)
2017 年	女生	4943	1785	1087	1982	89
			(36.1%)	(22.0%)	(40.1%)	(1.8%)
2018 年	男生	2731	795	691	1136	109

续表

年份	性别	样本数	优秀	良好	及格	不及格
			（29.1%）	（25.3%）	（41.6%）	（4.0%）
2018年	女生	5470	1658	1192	2527	93
			（30.3%）	（21.8%）	（46.2%）	（1.7%）

身体机能是指人的整体及其组成的各器官所表现的生命活动。身体机能得到发展，可以使呼吸肌的力量增强，胸廓运动的幅度加大，从而改善呼吸机能，使心肌力量增强，血管壁弹性增大，从而改善心血管机能。[1] 通过表3的数据可以看出，我校学生的身体机能测试成绩不及格的人数很少，男生不及格人数最多的一年是2018年，不合格的男生达109人，占总测试人数的4%，女生不及格人数比例在四年间都低于2%。我校学生的肺活量测试成绩优良比例在各个年度都达到了50%以上，2015年的男生成绩和2017年的女生成绩均达到了58%以上，而四年的综合及格率达到了97.6%，上述数据说明，我校学生的身体机能水平总体状况较好，为学生积极参加体育锻炼提供了根本保障。

（四）身体素质的数据分析

表4　身体素质的数据（30 340人）

项目	样本数	优秀	良好	及格	不及格
50米（s）	30 340	182	667	27 094	2397
		（0.6%）	（2.2%）	（89.3%）	（7.9%）

---

〔1〕邓树勋等主编：《运动生理学》，高等教育出版社2009年版。

项目	样本数	优秀	良好	及格	不及格
800 米/1000 米（s）	30 340	1305 （4.3%）	3428 （11.3%）	17 749 （58.5%）	7858 （25.9%）
立定跳远	30 340	9891 （32.6%）	5825 （19.2%）	13 774 （45.4%）	850 （2.8%）
引体向上/仰卧起坐	30 340	667 （2.2%）	2579 （8.5%）	18 993 （62.6%）	8101 （26.7%）
坐位体前屈	30 340	243 （0.8%）	516 （1.7%）	18 507 （61%）	11 074 （36.5%）

身体素质一般是指人体在活动中所表现出来的力量、速度、耐力、灵敏、柔韧等机能。身体素质是衡量一个人体质状况的重要标志之一。身体素质的发展，对增强人的体质和健康有重要意义，是评价人体健康的重要指标。在身体素质测试的 5 个项目中，引体向上/仰卧起坐是分别对男生肩背、上肢、女生腹部的肌肉力量和耐力的测试，其他 4 项标准男女统一。[1] 通过表 4 的第一项测试数据，可以看到在反映人体运动速度和反应速度的 50 米测试中，我校学生的不及格率为 7.9%，及格率达到了 92.1%，优秀率和良好率分别是 0.6%和 2.2%，虽然我校 92.1%的学生达到合格的标准，但是优良率太低，说明学生的速度素质还有待提高。通过表 4 第二项测试数据，可以看到反映人体耐力和有氧能力的 800 米/1000 米跑测试中，我校学生的不及格率较高，达到了 25.9%。通过查阅四个年的具体数据发现，2015 年和 2016 年

〔1〕 李强等：《广东省大学生体质健康现状分析》，载《广州体育学院学报》2017 年第 3 期。

的 800 米/1000 米跑测试不及格率分别是 16.8%和 18.9%，而 2017 年和 2018 年的不及格率分别达到了 28.5%和 38.1%，由此可见我校学生在近几年的有氧能力和耐力素质测试中，呈逐年下降趋势，说明我校学生缺乏在跑步、游泳等有氧耐力方面的锻炼。通过表 4 第三项测试数据，可以看到反映人体下肢爆发力和身体协调能力的立定跳远测试中，我校学生的优秀率达到了 32.6%，不及格率为 2.8%，有 97.2%的学生是达标的，2015 年至 2018 年的各年度数据与综合数据基本一致，说明我校学生的下肢爆发力和身体协调性能力方面处于稳定良好的水平。通过表 4 第四项测试数据，可以看到反映男生肩背、腰腹、与上肢力量的引体向上和反映女生腹部肌肉与耐力的仰卧起坐测试中，我校学生的优秀率和良好率只占 10.7%，不及格率达到了 26.7%，通过查阅具体的数据发现，男生的引体向上不及格率达到了 60%以上，甚至有的学生直接放弃该项目测试，这说明现阶段男生的肩背、腰腹和上肢力量处于较低的水平，这与中小学体育课程缺乏肩背、腰腹和上肢力量项目的练习有直接关系，因此在大学期间要有针对性地制定教学内容，有计划性地建立学习目标，将周期练习和定期考核相结合，促进大学生肩背、腰腹和上肢力量的发展。通过表 4 第五项测试数据，可以看到反映人体柔韧素质的坐位体前屈测试中，我校学生的不及格率高达 36.5%，优秀率和良好率综合仅达到 2.5%，柔韧素质是五项身体素质水平最低的一项。柔韧素质的练习虽不像力量练习和有氧耐力练习需要付出更多的体力，但是也要有具体的练习办法和周期性的练习做保障，因此在大学体育课程中应增加柔韧练习的内容，使大学生充分认识柔韧的重要性并学习到正确的拉伸方法，积极改善身体柔韧素质。

（五）2017 年各年级体质健康测试总分的对比分析

表 5 2017 年各年级体测总分评价表

年级	性别	样本数	优秀	良好	及格	不及格	平均分	差异性
大一	男	722	1 (0.2%)	41 (5.7%)	582 (80.6%)	98 (13.5%)	68.26	
大一	女	1312	5 (0.4%)	348 (26.5%)	916 (69.8%)	43 (3.3%)	75.71	
大二	男	675	5 (0.8%)	48 (7.1%)	516 (76.4%)	106 (15.7%)	68.69	p<0.001
大二	女	1307	9 (0.7%)	354 (27.1%)	888 (67.9%)	56 (4.3%)	75.53	p<0.001
大三	男	571	0 (0.0%)	10 (1.7%)	400 (70.1%)	161 (28.2%)	64.59	
大三	女	1194	4 (0.3%)	142 (11.9%)	863 (72.3%)	185 (15.5%)	69.69	
大四	男	559	3 (0.6%)	18 (3.2%)	362 (64.8%)	176 (31.4%)	63.87	
大四	女	1130	1 (0.1%)	72 (6.4%)	816 (72.2%)	241 (21.3%)	66.92	

随机抽取了 2017 年的测试数据作为分析样本，以 2017 年度所测得的数据作为依据，通过直观数据对大一至大四的各个年级体质健康状况进行对比分析。我校 2017 年学生体质健康测试的

人数为7470人，测试成绩的平均分为70.47。通过表5的数据可以看出，我校女生参加测试的人数比男生多出一倍，且我校女生的体测成绩优于男生，因此我校的平均分才能够达到70分以上，成绩确实是不容乐观。通过数据我们也可以看到，低年级学生的体测成绩优于高年级的学生，通过检验发现，大一和大二的平均分无明显差异，而大二和大三的平均分存在非常显著的差异，大三和大四的平均分存在较为显著的差异。通过对数据的分析发现大一、大二学生的及格率比较高，特别是女生的及格率分别达到了96.7%和95.7%的水平。大三和大四的及格率则明显下降，且呈现为逐年下降的趋势，大三男生的及格率为71.8%，优良率仅为1.7%，大三女生及格率下降到84.5%，优良率也下降了15.6个百分点；大四男生的及格率继续下降但幅度减缓，及格率为68.6%，大四女生的及格率继续下降了5.8%，及格率为78.7%，优良率在大三的基础上又下降了5.5个百分点；通过对以上数据的分析，可以得知我校体质健康测试的不及格人群主要集中在大三和大四学生，且体测成绩出现显著下降趋势的阶段是大三年级，女生在大四阶段的下降幅度更为显著。下面将以2015级学生的四年测试成绩为样本，对大学生四年的体测成绩的趋势进行分析。

（六）2015级四年体测成绩的趋势分析

表6　2015级学生四年的体测成绩评价表

年级	样本数	优秀	良好	及格	不及格	平均分	差异性
2015大一	1859	6 (0.3%)	382 (20.5%)	1388 (74.7%)	83 (4.5%)	74.27	$p<0.001$

续表

年级	样本数	优秀	良好	及格	不及格	平均分	差异性
2015 大二	1885	10 (0.5%)	414 (22%)	1275 (67.6%)	186 (9.9%)	72.76	p<0.001
2015 大三	1765	4 (0.2%)	155 (8.8%)	1265 (71.7%)	341 (19.3%)	68.15	p<0.001
2015 大四	1830	0 (0%)	51 (2.8%)	1009 (55.1%)	770 (42.1%)	61.86	

通过表 6 的测试总分发现，2015 级学生在大学四年的测试总分服从正态分布，均值相等为原假设的假设检验结果，p 值均小于 0.001，表明大一和大二，大二和大三，以及大三和大四的平均分的差异都是非常显著的。差异性所反映的分别是大一和大二，大二和大三，以及大三和大四，说明 2015 级学生在四年期间体测成绩趋势呈逐年下降的趋势，大一到大二的不及格人数增长了 5.4 个百分点，大二到大三的不及格人数增长了 9.4 个百分点，大三到大四的不及格人数增长了 22.8 个百分点，大一到大四的不及格人数增长了 37.6 个百分点。究其原因，笔者认为目前大学生在大一和大二有体育必修课，并能够主动地参加学校组织的体育竞赛和体育活动，所以他们参与锻炼的机会多于高年级的学生，体质健康状况也相对优于高年级的学生。从另外一个角度来讲，当前大学生对于体育锻炼和健康意识的认识还不够，一方面受其从小体育锻炼习惯的影响，另一方面是其自主锻炼的意识不强。从这两方面来看，学校应高度重视大学体育课程的发展，充分发挥体育课程的作用，通过体育课程的学习使学生掌握一至两项的体育技能，并提升自主锻炼的意识，树立“健康第

一”的理念，切实从体育锻炼中达到增强体质、健全人格、锤炼意志、享受乐趣的“四位一体”的学校体育目标。

表7　2015级学生身体形态评价表

年　级	样本数	正常	低体重	超重	肥胖
		17.9~23.9	≤17.8	24~27.9	≥28
大一 男生	702	514 (73.2%)	29 (4.2%)	125 (17.8%)	34 (4.8%)
大一 女生	1412	1239 (87.8%)	33 (2.3%)	116 (8.2%)	24 (1.7%)
大二 男生	704	508 (72.1%)	40 (5.7%)	111 (15.8%)	45 (6.4%)
大二 女生	1361	1179 (86.7%)	55 (4.0%)	123 (9.0%)	4 (0.3%)
大三 男生	571	384 (67.2%)	25 (4.4%)	103 (18.1%)	59 (10.3%)
大三 女生	1194	1012 (84.8%)	42 (3.5%)	117 (9.8%)	23 (1.9%)
大四 男生	666	430 (64.5%)	25 (3.8%)	139 (20.9%)	72 (10.8%)
大四 女生	1291	1076 (83.3%)	55 (4.3%)	125 (9.7%)	35 (2.7%)

通过表7对我校2015级学生四年的身体形态数据进行分析，发现我校2015级女生在大学四年间的身体形态变化没有显著性差异，大一时的合格率为87.8%，大二、大三和大四时的合格率

分别为86.7%、84.8%和83.3%。我校男生的身体形态在大学四年间有一定的变化，大一和大二的合格率为73.2%和72.1%，大三和大四的合格率逐年下降，分别降到67.2%和64.5%的水平。从身体形态的超重人数和肥胖人数来看，女生的人数变化不明显，大一到大四仅多了20人，男生的超重人数变化不明显，但是肥胖的比率增加了6个百分点。通过2015级的数据和2015至2018年总体数据的数据来看，我校女生的身体形态保持较好，男生的身体形态随着年龄增长变化加大，存在着肥胖率逐年增高的不良现象。

表8 2015级学生身体机能评价表

年级	性别	样本数	优秀	良好	及格	不及格	平均分
大一	男	697	226	263	192	16	82.09
			(32.4%)	(27.6%)	(37.7%)	(2.3%)	
大一	女	1378	491	314	550	23	83.02
			(35.6%)	(22.8%)	(39.9%)	(1.7%)	
大二	男	694	225	181	277	11	81.98
			(32.4%)	(26.1%)	(39.9%)	(1.6%)	
大二	女	1353	452	304	579	18	82.48
			(33.4%)	(22.5%)	(42.8%)	(1.3%)	
大三	男	571	204	146	209	12	82.85
			(35.8%)	(25.6%)	(36.5%)	(2.1%)	
大三	女	1194	442	262	473	17	83.53
			(37.0%)	(22.0%)	(39.6%)	(1.4%)	
大四	男	660	176	179	279	26	79.86

续表

年级	性别	样本数	优秀	良好	及格	不及格	平均分
			(26.7%)	(27.1%)	(42.3%)	(3.9%)	
大四	女	1191	296	267	607	21	81.30
			(24.9%)	(22.4%)	(51.0%)	(1.8%)	

通过表8的数据，我们可以看到2015级学生的身体机能在四年中未发生明显的变化，如同表3数据所反映的情况，我校学生的身体机能是体质健康测试各项中最好的一项，说明他们具备良好的体育锻炼能力，不存在因身体机能下降而导致身体素质下降的情况。这个数据也客观反映了，我校学生体测成绩不及格的主要原因是缺乏身体素质的练习。

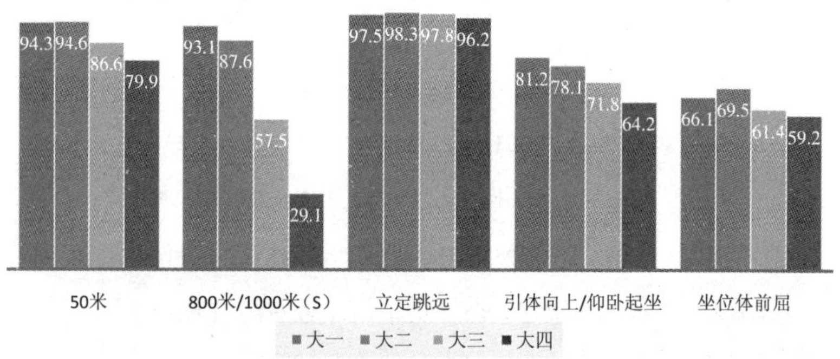

图1 2015级学生2015—2018年身体素质5项测试及格率对比图

通过图1的对比数据，可以看到2015级学生身体素质呈逐年下降趋势，大三和大四的下降趋势非常显著。从身体素质的数据来看，2015级学生在反映人体下肢爆发力和身体协调能力的立定跳远测试中及格率最高且四年无明显差异；在反映人体柔韧素质的坐位体前屈测试中及格率最低，大三、大四时下降趋势较为显著；在反映男生肩背、腰腹、与上肢力量的引体向上和反映女生腹部肌肉与耐力的仰卧起坐测试中及格率偏低，大三、大四时下降趋势较为显著；在反映人体运动速度和反应速度的 50 米测试中虽然大一至大三的及格率都达到了 85%，但大三和大四的下降趋势显著；2015 级学生身体素质下降最为显著的是反映人体耐力和有氧能力的 800/1000 米跑测试，大一及格率为 93. 1%，大四为 29. 1%，及格率下降了 64 个百分点。通过对我校 2015 级学生四年身体素质数据的对比分析以及综合我校四年 30340 人次的样本分析来看，下肢爆发力和速度是我校学生较好的两项身体素质，要继续保持；柔韧素质和男生的上肢力量是我校学生亟待提高的两项身体素质，有氧耐力是我校学生下降最为明显的一项身体素质，且该项目在体测成绩权重比为 20%，所以积极调动我校学生参与跑步运动是提升身体素质的最有效办法。

四、结论与建议

（一）结论

我校四年体测成绩的及格率达到 84. 8%，基本达到教育部提出及格率达到 85%的要求。

我校有 80. 1%学生的身体形态达到 BMI 成绩标准，有 97. 6%学生的身体机能达到及格以上标准；我校学生在反映身体素质的 5 项指标中，50 米跑的及格率为 92. 1%，800 米/1000 米的及格率为 74. 1%，立定跳远的及格率为 97. 2%，引体向上/仰卧起坐的及格率为 73. 3%，坐位体前屈的及格率为 63. 5%。

我校低年级学生的体测成绩优于高年级的学生，女生的体测成绩优于男生，大三和大四学生的不及格率明显增多，大三的体测成绩呈显著下降趋势。

我校大部分学生的身体形态和身体机能具备良好的体育锻炼能力，且身体素质具有较大的提升空间。

（二）建议

通过体育课程教学的指导，有目标地制定与大学生体质测试相关的内容，按照学习计划逐步实现身体素质的提高。

通过体育课程培养学生一至两项体育技能，使体育锻炼成为个人的内在兴趣和爱好，养成良好锻炼习惯，使体育锻炼成为自发自觉的行为而不是外在的课程要求。

以体质健康测试为契机，建立每周五次每次一小时的锻炼机制和目标，要求全体在校学生，持本人的校园卡到学校的任意体育场所打卡锻炼，锻炼数据将传至系统终端，使学生逐步从硬性锻炼转型为自主锻炼，培养学生良好的运动习惯。

进一步开发校园体育文化活动，增加由学校、学院、社团所组织的多元体育文化活动，将校园体育赛事、健康讲座和有组织的体育辅导相结合，普及学生运动技能、激发学生运动热情，促进学生主动参与，形成终身体育锻炼的意识。